Daniel Greenberg
Endlich frei!

Daniel Greenberg

Endlich frei!

Leben und Lernen an der
Sudbury-Valley-Schule

Aus dem Amerikanischen übersetzt
von Martin Wilke

arbor

Arbor Verlag
Freiamt im Schwarzwald

1862

„Was ist mit Nichteinmischung der Schule in das Lernen gemeint? ... [Es bedeutet], den Schülern die volle Freiheit zuzugestehen, sich selbst des Unterrichts zu bedienen, der ihren Bedürfnissen entspricht und den sie wollen, nur in dem Ausmaße, wie sie es brauchen und wollen; und es bedeutet, sie nicht dazu zu zwingen, zu lernen, was sie nicht brauchen oder wollen ..."

„Ich bezweifle, daß [diese Art von Schule] innerhalb eines weiteren Jahrhunderts allgemein anerkannt sein wird. Es ist nicht wahrscheinlich ..., daß Schulen, deren Grundlage die Wahlfreiheit der Schüler ist, selbst in einhundert Jahren, von nun an gerechnet, werden eingerichtet worden sein."

Leo Tolstoi in
„Bildung und Kultur"

1968

„Der Zweck, für den diese Vereinigung gegründet wurde, ist es, eine Schule für die Bildung der Mitglieder der Gemeinschaft zu errichten und zu erhalten, die auf dem Grundsatz aufgebaut ist, daß Lernen am besten durch Selbstmotivation, Selbstregulation und Selbstkritik gefördert wird ..."

Satzung der Sudbury Valley School

Copyright © 1987, 1991, 1995 by Daniel Greenberg
Copyright © der deutschen Ausgabe: Arbor Verlag, Freiamt, 2004
Copyright © der in dieser Ausgabe verwendeten Fotos:
Michael Greenberg, Andrew Brilliant und Carol Palmer, 2004
Titel der amerikanischen Originalausgabe:
Free at Last, The Sudbury Valley School

2   3   4   5   6   Auflage
06 07 08 09 10   Erscheinungsjahr

Lektorat: Tobias Meißner
Druck und Bindung: Westermann, Zwickau
Dieses Buch wurde auf 100 % Altpapier gedruckt und ist alterungsbeständig.
Weitere Informationen über unser Umweltengagement
finden Sie unter www.arbor-verlag.de/umwelt.

ISBN 3-936855-14-5

Inhalt

Teil 2

Schul-Leben

Einleitung

Jeder vernünftige Pädagoge hat sich schon mit den grundlegenden Fragen, die diesen Berufsstand von frühester Zeit an verfolgen, herumgeschlagen: Welche ist die beste Lehr- und Lernmethode? Welche Themen sollten Kinder lernen? Wie verantwortungsbewußt sind Kinder? Wieviel Mitspracherecht sollten sie bei dem, was sie tun, haben? Wie sollten Schulen in einer demokratischen Gesellschaft geleitet werden? Für die meisten von uns müssen diese Fragen theoretisch bleiben. Denn wir erben ein Bildungssystem, wir können unsere Fantasievorstellungen nicht in der wirklichen Welt umsetzen. Wir müssen von dem, was wir haben, das Beste bewahren, statt leichtsinnig am bestehenden System herumzupfuschen.

Gelegentlich stellt sich eine Gruppe von Leuten, die nicht von Tradition gelähmt ist, diese Fragen – und schlägt radikal neue Antworten vor, vor unser aller Augen, wie im Glashaus. Solche Experimente sind besonders deshalb wertvoll, weil sie allgemein akzeptierte Lehrmeinungen in völlig neuem Licht erscheinen lassen und uns helfen, neue Ansätze auszuprobieren.

1968 wurde eine einzigartige Experimentalschule in Framingham, Massachussetts, gegründet: die Sudbury Valley School. Sie steht Schülern im Alter von vier bis 19 Jahren offen und hat den Weg für eine Reihe hoch innovativer Verfahrensweisen bereitet. Ihre Arbeit hat breite Anerkennung gefunden. Außerdem hat sie die Ehre, die erste derartige Schule zu sein, die offiziell anerkannt wurde.

Einer der interessantesten Aspekte von Sudbury Valley ist ihre Haltung dem Lernen gegenüber. Die Schule geht von der gleichen Voraussetzung aus wie Aristoteles zu Beginn seines berühmten Werkes *Metaphysik* vor über 2000 Jahren: „Menschen sind von Natur aus neugierig." Daraus folgt, daß Menschen ständig lernen, als einem angeborenen, untrennbaren Teil des Lebens. Das heißt auch, daß Kinder lernen, indem sie ihren natürlichen Neigungen folgen, mit ihrer Zeit tun, was sie wollen, den ganzen Tag, jeden Tag. Ab dem Moment, in dem die

Schüler die SVS betreten, sind sie – unabhängig vom Alter – auf sich selbst gestellt, gezwungen, Verantwortung für sich selbst zu übernehmen und all die schwierigen Entscheidungen zu treffen, die den Verlauf ihres Lebens bestimmen werden. Die Schule mit ihren Mitarbeitern, dem Gelände, der Ausstattung und der Bibliothek dient als eine Quelle, die, wenn angefordert, verfügbar, wenn nicht, passiv ist. Die Idee ist einfach: Angetrieben von angeborener Neugier – das Wesentliche der menschlichen Natur – werden Kinder enorme Anstrengungen unternehmen, um die Welt um sich herum zu verstehen und zu meistern.

Wie geschieht dies? Jeder lernt die grundlegenden Dinge – aber mit seiner eigenen Geschwindigkeit, in seinem eigenen Rhythmus und auf seine eigene Art und Weise. Einige Kinder lernen mit fünf Jahren lesen, andere erst mit zehn. Einige lernen am besten von Lehrern oder anderen Schülern, andere am besten allein. An jedem beliebigen Tag kann man sehen, wie Schüler jeden Alters gemeinsam lernen, sich unterhalten und spielen – wachsen. Während sie älter werden, entwickeln sie ein starkes Identitätsgefühl und setzen sich Ziele für die Zukunft. Wenn sie von der Schule abgehen, machen sie mit einer Vielfalt von Aktivitäten weiter – in akademischen Berufen, im Handwerk, in Geschäftsleben, an Colleges, überall im ganzen Land. All das findet in einem Bildungsumfeld statt, in dem die Schüler selber darüber bestimmen, was sie tun und wie sie vorankommen sollten.

Eine weitere der vielen faszinierenden Neuerungen der Sudbury Valley School ist ihre Organisationsstruktur. Die Schule wird als reine Demokratie durch das School Meeting regiert, in dem jeder Schüler und jeder Mitarbeiter eine Stimme hat. Jeder Bereich der Schule arbeitet auf diese Weise – die Regeln, die Budget-Verteilung, die Verwaltung, die Einstellung und Entlassung von Mitarbeitern sowie Disziplin – ohne Ausnahme. Das Ergebnis ist eine reibungslos funktionierende Institution, an der jeder beteiligt ist; das Gelände ist praktisch frei von Vandalismus und Graffiti. Es herrscht eine Atmosphäre der Offenheit und des Vertrauens, die heutzutage an Schulen gleich welcher Größe unbekannt ist. Bei alldem arbeitet die Schule ganz ohne irgendwelche Unterstützung seitens der Regierung oder von Stiftungen, lediglich mit einem Schulgeld, das etwa die Hälfte der Ausgaben pro Schüler in öffentlichen Schulen beträgt und weit unter jenem unabhängiger Privatschulen liegt.

Der einfachste Weg, diese Schule zu erklären, besteht vielleicht darin, darzulegen, was wir von einer Bildungseinrichtung erwarteten und wie wir uns daran machten, dies zu erreichen. Wir wollten in der Tat ziemlich viele Dinge anders machen und fanden heraus, daß sie sich alle zu einem gemeinsamen Ganzen zusammenfügten.

Was Lernen und Lehren anging, wollten wir, daß die Schüler in der Lage wären, nur das zu lernen, worauf sie begierig sind – was sie sich aus eigener Initiative zu lernen vorgenommen haben, auf was zu lernen sie bestehen und wofür sie hart zu arbeiten bereit sind. Wir wollten, daß sie die uneingeschränkte Freiheit haben, sich ihre Materialien, Bücher und Lehrer selbst auszusuchen. Wir hatten das Gefühl, daß jenes Lernen, das im Leben zählt, überhaupt nur dann geschieht, wenn die Lernenden sich aus eigenem Antrieb auf ein Thema stürzen, ohne Zureden, Bestechung oder Druck. Und wir waren sicher, daß Lehrer, die mit begierigen, entschlossenen und Ausdauer zeigenden Schülern arbeiten, ungewöhnliche Befriedigung erfahren würden. Genau gesagt glaubten wir, daß eine solche Umgebung für Schüler und Lehrer gleichermaßen ein Paradies sein würde.

Um unseren Ideen treu zu bleiben, mußten wir von der Vorstellung von einem Lehrplan oder auf Schule basierenden Programm wegkommen. Wir mußten allen Antrieb von den Schülern kommen lassen, wobei sich die Schule nur dem Eingehen auf diesen Trieb verschrieben hat. Die volle Verantwortung für die Aktivitäten eines jeden mußte allein bei ihm selbst liegen und nicht bei jemand anderem, etwa in einer Autoritätsposition. Aus diesem Grund haben wir Lernen auf keiner Ebene in irgendeiner Form vorgeschrieben. Wir fanden heraus, daß jeder mit der Hilfe, die er sich an der Schule organisieren konnte, für sich selbst herausbekommen konnte, welches Wissen er benötigt, um im Leben zu erreichen, was er will.

Das paßte ziemlich genau zu den Charaktereigenschaften, die wir zu unterstützen hofften. Mehr als alles andere wollten wir, daß die Schüler die volle Bedeutung von Verantwortung erfahren. Wir wollten, daß sie wissen, was es heißt, verantwortungsbewußt zu sein – nicht bloß aus Büchern, Vorträgen oder Predigten, sondern durch alltägliches Erleben.

Unserer Ansicht nach bedeutet Verantwortung, die Dinge selbst in die Hand zu nehmen. Du, und nur du, mußt deine Entscheidungen treffen, und du mußt mit ihnen leben. Niemand sollte für dich denken, und niemand sollte dich vor den Konsequenzen deiner Handlungen schützen. Das ist, so hatten wir das Gefühl, unentbehrlich, wenn man unabhängig, selbstbestimmt und Herr über sein eigenes Schicksal sein will.

Persönliche Verantwortung bringt auch grundsätzliche Gleichberechtigung für alle Menschen mit sich. Welche Autorität auch immer besteht, sie muß durch die freie Zustimmung aller Beteiligten entstehen. Das ist natürlich nichts Neues – schließlich wurde unser Staat auf diesem Grundsatz gegründet. Für uns war er eine Richtschnur für das alltägliche Handeln.

Die Idee von einem verantwortlichen Individuum beinhaltet eine Menge Konzepte. Sie stehen alle in Übereinstimmung mit dem Erlernen der Kunst, ein freier und unabhängiger Mensch zu sein. Die Schule, die uns vorschwebte, mußte auf dieser Vorstellung beruhen. Wir konnten uns nicht mit weniger zufrieden geben als der vollen persönlichen Verantwortung eines jeden einzelnen, unabhängig von Alter, Wissen oder Leistung. Wir wußten, daß die Schüler auf diese Weise Fehler machen würden – aber sie würden wissen, daß diese Fehler ihre eigenen waren. Deshalb wäre es wahrscheinlicher, daß sie aus ihren Fehlern lernen. Wir hatten das Gefühl, daß gesunde Menschen immer Wege finden würden, um sowohl aus ihren Fehlern als auch aus ihren Erfolgen Nutzen zu ziehen. Wir hielten es für eine gute Sache, die Leute alles ausprobieren zu lassen, was immer sie wollen, unabhängig davon, ob sie sich sicher waren, daß es gelingen wird, so daß sie darauf gefaßt sind, eine unerwartete Herausforderung zu bewältigen bzw. eine unerwartete Gelegenheit zu ergreifen.

Die Charaktereigenschaften, die wir fördern wollten, sollten Teil einer allgemeinen Atmosphäre sein, von der wir hofften, daß sie die Schule durchdringen würde. Mehr als alles andere suchten wir eine Umgebung, die offen, ehrlich, vertrauenswert und frei von Angst ist. Unser Ziel war, eine Schule zu gründen, in der niemand Angst zu haben brauchte, jedenfalls nicht aufgrund von dem, was wir taten.

Was wir an der Schule abschaffen wollten, war die Angst vor Macht und Autorität. Wir waren nicht darüber besorgt, daß jemand Autorität hat. Autorität an sich kann, in Abhängigkeit von vielen Dingen, gut oder schlecht sein. In einigen Situationen sind Personen mit Autorität sogar notwendig – in der Lernsituation eines Lehrlings beispielsweise oder in einem Unternehmen.

Die Hauptfrage ist, wie jemand seine Autorität erlangt und wie sie kontrolliert wird, sobald er sie besitzt. Man hat keine Angst vor Menschen in einer Machtposition, wenn man versteht, warum diese sie innehaben, wenn man daran beteiligt war, sie dahin zu bringen, und wenn man die Möglichkeit hat, alles zu kontrollieren, was sie tun. Wovor man Angst hat, ist willkürliche Autorität, Autorität, die einen von der Mitbestimmung ausschließt und über die man keine Kontrolle hat. Wir hatten entschieden, daß niemand in der Schule – ob Schüler, Mitarbeiter, Eltern oder Gast – irgendeinen Grund haben sollte, die Autorität von irgend jemandem, der mit der Schule zu tun hat, zu fürchten. Mehr als alles andere würde dies ermöglichen, daß einer dem anderen in die Augen sehen kann, unabhängig von Alter, Geschlecht, Position, Wissen oder Herkunft.

Unserer Ansicht nach ist die demokratische Regierungsform die beste, die die Menschen jemals hervorgebracht haben, um ihre Angelegenheiten zu regeln. Sie gibt jedem den größtmöglichen Spielraum, unabhängig zu sein, und gleichzeitig ermöglicht sie in Angelegenheiten, die gemeinsames Handeln erfordern, jedem die volle Teilhabe an der Entscheidungsfindung. Wir hatten das Gefühl, daß die Art allgemeiner Demokratie, wie sie in den *Town Meetings* von Neuengland seit über

300 Jahren praktiziert wird, eine gute Regierungsform ist, eine, die kaum zu schlagen ist. Die Art Schule, die uns vorschwebte, wäre ganz nach dem Modell des Town Meeting organisiert. Niemand würde ausgelassen werden. In einem Land mit demokratischer Regierungsform, dachten wir, wäre es ganz sinnvoll, auch eine Schule demokratisch zu leiten. Von der kleinsten Stadt bis in die Bundesebene hinauf sind alle Institutionen so geplant, daß sie auf die eine oder andere Art demokratisch kontrolliert werden. Wir fragten uns, warum Schulen nicht auch auf diese Art geleitet werden sollten. Und je mehr wir darüber nachdachten, um so mehr gelangten wir zu der Überzeugung, daß sie *es* sein sollten. In einer demokratischen Schule könnten für die erwachsenen Mitglieder der Gemeinschaft die gleichen bürgerrechtlichen Standards gelten wie in ihrem Leben außerhalb der Schule. Und die Kinder in der Schule könnten an die Prinzipien und Praktiken, die den demokratischen Lebensstil ausmachen, gewöhnt werden. Zu dem Zeitpunkt, zu dem sie dann erwachsen sind, wäre die verantwortliche Zugehörigkeit zur Gemeinschaft für sie selbstverständlich, weil sie mit ihr bereits lange Zeit gelebt haben.

Als wir eine Bestandsaufnahme aller Punkte machten, die uns an der Schule wichtig waren, merkten wir, daß alle auf eine Kernidee hinausliefen, aus der sich alles andere auf natürliche Weise ergab.

Wir stellten uns eine Schule vor, in der die Schüler ihre eigenen Angelegenheiten ohne Einmischung von außen regeln und in der sie ihre gemeinsamen Angelegenheiten – den Betriebsablauf der Schule – durch eine Art Town Meeting regeln.

So einfach war das. Sie beinhaltete unsere Vorstellung von Lernen; sie unterstützte die Charaktereigenschaften, die wir hervorbringen wollten; sie verkörperte die Atmosphäre, die wir schaffen wollten, und sie hatte die Struktur, die wir wünschten.

Bevor die Schule 1968 eröffnet wurde, sagten viele Leute, wir seien Träumer, unsere Vision von einer Schule wäre utopisch. Aber jetzt besteht sie seit Jahren; davon kann sich jeder selbst überzeugen.

Was für ein Gefühl ist es, Sudbury Valley zu besuchen? Das Hauptgebäude ist ein Landhaus aus Granit errichtet, einem Stein, den man vor über hundert Jahren in der Umgebung abbaute. Um das Haus herum befinden sich vier Hektar Gelände mit Rasen, Bäumen, Büschen und blühenden Sträuchern. An einem Ende der Schulanlage befinden sich eine große Scheune und ein Stallbereich, die für den Schulgebrauch umgewandelt wurden. Am anderen Ende steht ein Mühlhaus aus Granit einem Mühlteich gegenüber direkt neben einem Damm aus Erde und Stein, über den eine überdachte Holzbrücke führt. Um das Schulgelände herum breiten sich, soweit das Auge reicht, ein State Park (Nationalpark auf Bundesstaatsebene) und ein Naturschutzgebiet aus, Felder und Wälder, Sümpfe und flache Hügel, die mit ihren wechselnden Farben und ihrem Laub die verschiedenen Jahreszeiten widerspiegeln.

Der Ort fühlt sich überhaupt nicht wie eine Schule an oder sieht wie eine aus. Die üblichen „Schul-Merkmale" fehlen. Er sieht mehr wie eine Wohnanlage aus, mit vielen Personen, die ihre unterschiedlichen Aktivitäten in einer entschlossenen und doch lockeren Art angehen. Die Möbel, die Menschen und die Atmosphäre sind nicht so, wie man es erwarten könnte. Besucher sind oft verblüfft; sie suchen, was sie in Schulen zu sehen gewohnt sind, und finden es hier jedoch nicht.

Dieses Buch ist ein Versuch, jedem zu helfen, Sudbury Valley zu „sehen". Es bietet eine Fülle persönlicher Erfahrung, die in den ersten 20 Jahren des Schullebens angesammelt wurde. Es ist keine Abhandlung über Bildungsphilosophie oder -praxis und auch keine offizielle Geschichte der Schule. Es ist vielmehr ein Bericht über Menschen und ein in den Annalen des Bildungswesens absolut einmaliges Experiment.

Die Sudbury Valley School Press

Vorwort

Es ist zu spät

Es waren keine Termine verfügbar.

Bis zum Dezember hatte jeder, der hoffte, die Wesleyan University in Middletown, Connecticut, zu besuchen, seine Bewerbung längst abgeschickt und einen Termin für ein Auswahlgespräch vereinbart. Dezember war für eine Bewerbung spät, fast sicher zu spät, um noch irgend jemanden anzutreffen.

Das hielt Lisa nicht auf. Jeden Morgen, kurz nach 9 Uhr, setzte sie sich ans Telefon und wählte die Nummer des Zulassungsbüros der Wesleyan University. Jeden Morgen nahm ein Sekretär ab und sagte: „Wir haben geschlossen." Bald waren ihre Stimme und ihre Hartnäckigkeit allen in der Zulassungsstelle bekannt. Sie plauderte mit ihnen, redete auf sie ein und flehte sie an. Woche für Woche.

Warum sie sich nicht rechtzeitig beworben habe, fragten sie. Sie hatte es, war ihre Erwiderung – aber nicht bei Wesleyan. Ihre anderen Bewerbungen waren längst fertig. Aber erst jetzt hatte sie von einem Freund und Lehrer erfahren, daß sie sich die Wesleyan University ansehen müsse, die ideale Schule für sie. Sie hatte das Schulgelände besichtigt, sich mit Leuten dort unterhalten und war zu dem Schluß gekommen, daß ihr Freund recht hatte. Wesleyan war tatsächlich richtig für sie. *Sie* wußte es, und egal wie spät ihre Bewerbung kam, sie war entschlossen, daß man dies auch in Wesleyan erfuhr.

Ein Bewerbungsgespräch war unerläßlich. Damit sie aufgenommen werden konnte, mußte man sie direkt beurteilen, ihr in die Augen schauen, herausfinden, was und wer sie eigentlich ist. Natürlich hatte sie die üblichen Aufsätze geschrieben und den Vordruck ausgefüllt. Aber in einer Hinsicht war ihre Bewerbung erschreckend anders.

Sie hatte keine Zensuren, keine Transcripts (Liste aller Prüfungsergebnisse der High School), keine schriftlichen Beurteilungen. Nichts, nicht eine, aus allen ihren Schuljahren. Lisa war auf die Sudbury Valley School gegangen. Sie hatte vieles gelernt, aber vor allem, daß sie allein zurechtkommen muß.

8. Januar. „Wir haben eine Absage. Können Sie nächsten Dienstag um 9 Uhr kommen? Der Zulassungsdekan persönlich will sie sprechen." Begeisterung. Natürlich, sie kann nächsten Dienstag kommen, jeden Tag, zu jeder Uhrzeit.

Sie kommt im Büro von Wesleyan an. Jeder dreht sich um, um einen Blick auf sie zu werfen. Das ist also das Mädchen, das nie aufhörte anzurufen, das nie aufgab. Sie lächeln sie an, heißen sie herzlich willkommen. Der Dekan weiß Bescheid.

Sie verschwindet im Büro des Dekans zu einem 15-Minuten-Gespräch. Die anderen Bewerber warten auf ihren Termin und bis sie an der Reihe sind. Eine Viertelstunde vergeht. Keine Lisa. Eine halbe Stunde. Eine Dreiviertelstunde. Was geht da vor? Endlich, nach einer Stunde, kommen der Dekan und sie heraus. Beide lachen. Sie gehen herüber zu Lisas wartender Mutter, wo der Dekan nur sagt: „Ich hoffe, Lisa entscheidet sich dafür, zu kommen. Ich denke, hier ist der richtige Platz für sie."

Die Bewerbung, das Gespräch haben funktioniert. Zwölf Jahre Schulung, destilliert in einem kraftvollen Extrakt, haben erreicht, was sie sollten. Sie ist eingeladen worden, teilzunehmen. Sie nimmt an.

Jeder Graduierte von Sudbury Valley, der das College besuchen wollte, hat eine ähnliche Geschichte zu erzählen. Alle wurden aufgenommen, die meisten am College ihrer ersten Wahl. Viele wurden eingeladen. Keiner hatte Transcripts oder eine der üblichen Beurteilungen oder Empfehlungsschreiben.

Sie hatten mehr. Sie hatten ihre innere Stärke, ihre Selbstkenntnis und ihre Entschlossenheit. Und jedes Mal, in jedem College-Zulassungsbüro, in dem sie sich beworben hatten, fragten sich die Leute: „Was für eine Art von Schule ist das, die solche Leute hervorbringt? Was ist Sudbury Valley?"

Dieses Buch ist die Geschichte einer Schule, die anders als jede Schule ist, die es je gab. Sie nahm das Beste von vielen anderen Schulen auf, aber das Endergebnis war etwas vollkommen anderes, sowohl altertümlich als auch modern – und unendlich beeindruckend.

Das ist ein kurzer Blick auf eine Brutstätte krassen Individualismus, persönlicher Freiheit und politischer Demokratie – eine Brutstätte amerikanischer Werte, die in einer alten Stadt Neuenglands gedeihen.

Teil 1

Lernen

Und Arithmetik

Vor mir saß ein Dutzend Mädchen und Jungen zwischen neun und zwölf Jahren. Eine Woche zuvor hatten sie mich gebeten, ihnen Unterricht in Arithmetik zu erteilen. Sie wollten addieren, subtrahieren, multiplizieren und dividieren lernen und was sonst noch dazugehört.

„Ihr wollt das doch nicht wirklich", sagte ich, als sie mich das erste Mal fragten.

„Wir wollen es, sicher wollen wir es", war ihre Antwort.

Ich blieb dabei: „Nicht wirklich. Wahrscheinlich wollen eure Freunde aus der Nachbarschaft, eure Eltern oder eure Verwandten, daß ihr es wollt, aber ihr selbst möchtet doch lieber spielen oder irgend etwas anderes tun."

„Wir wissen, was wir wollen; und wir wollen Arithmetik lernen. Unterrichte uns, und wir beweisen es. Wir werden alle Hausaufgaben machen und so hart arbeiten, wie wir können."

Auch wenn ich skeptisch war, ich mußte nachgeben. Ich wußte, daß Arithmetik in gewöhnlichen Schulen sechs Jahre in Anspruch nahm, und ich war sicher, daß ihr Interesse nach ein paar Monaten nachlassen würde. Aber ich hatte keine Wahl. Sie hatten darauf bestanden, und ich war in die Enge getrieben.

Mich erwartete eine Überraschung.

Mein größtes Problem war, ein Lehrbuch zu finden, das ich als Leitfaden benutzen könnte. Ich war an der Entwicklung des „Neuen Mathe" beteiligt gewesen und hatte es zu hassen begonnen. Damals, als wir daran arbeiteten – junge Akademiker der John-F.-Kennedy- und Post-Sputnik-Ära –, hatten wir kaum Zweifel am Erfolg. Wir waren erfüllt von der Schönheit abstrakter Logik, von Mengenlehre, Zahlentheorie und von all den anderen exotischen Spielen, die Mathematiker seit Jahrtausenden betreiben. Hätte man uns beauftragt, einen Landwirtschaftskurs für Landarbeiter zu gestalten, hätten wir wohl mit Organischer Chemie, Genetik und Mikrobiologie angefangen.

Aber die hungernden Menschen dieser Welt hatten Glück, daß wir nicht gefragt wurden.

Ich hatte inzwischen einen Haß auf die Anmaßungen und die Abstrusität des „Neuen Mathe" entwickelt. Nicht einer von hundert Lehrern wußte, wovon es handelte, und nicht einer von tausend Schülern. Die Menschen brauchen Arithmetik zum Rechnen; sie wollen wissen, wie man die Hilfsmittel benutzt. Das war es, was meine Schüler jetzt wollten.

In unserer Bibliothek fand ich ein Buch, das dafür hervorragend geeignet war. Es war eine Mathe-Fibel aus dem Jahr 1898. Klein, dick und randvoll mit Tausenden von Aufgaben, gedacht, den Geist junger Menschen darauf zu trainieren, grundlegende Aufgaben schnell und korrekt zu lösen.

Der Unterricht begann – pünktlich. Das war Teil der Vereinbarung. „Ihr sagt, daß ihr es ernst meint?" hatte ich gefragt, um sie herauszufordern, „dann erwarte ich euch pünktlich im Raum zu sehen – Punkt 11, jeden Dienstag und Donnerstag. Wenn ihr fünf Minuten zu spät seid, fällt der Unterricht aus. Wenn ihr ihn zweimal ausfallen laßt, gibt es keinen weiteren Unterricht." „Abgemacht", hatten sie gesagt. Ihre Augen glänzten vor Freude.

Die Grundzüge der Addition dauerten zwei Unterrichtsstunden. Sie lernten alles mögliche addieren: dünne lange Spalten, kurze dicke Spalten, lange dicke Spalten. Sie rechneten Dutzende Aufgaben. Die Subtraktion nahm zwei weitere Unterrichtsstunden in Anspruch. Man hätte es in einer schaffen können, aber das Merken der Übertragszahlen erforderte zusätzliche Erläuterung.

Weiter ging es mit der Multiplikation und dem Einmaleins. Das Einmaleins mußten alle auswendig lernen. Jeder wurde immer und immer wieder im Unterricht abgefragt. Dann kamen die Regeln an die Reihe und danach die Übung.

Sie waren begeistert, jeder von ihnen. Sie kamen voran, beherrschten alle Techniken und Prozeduren; sie konnten spüren, wie der Stoff ihren Körper durchdrang. Hunderte und

Aberhunderte von Aufgaben, Abfragen und mündlichen Tests hämmerten den Stoff in ihren Kopf.

Und sie kamen immer noch, jeder von ihnen. Wenn nötig, halfen sie sich gegenseitig, damit der Unterricht vorankommen konnte. Die Zwölfjährigen und die Neunjährigen, die Löwen und die Lämmer, saßen friedlich beieinander, arbeiteten harmonisch zusammen – ohne sich gegenseitig zu ärgern, ohne sich voreinander zu schämen*. Division – schriftliche Division. Brüche. Dezimalbrüche. Prozentsätze. Quadratwurzeln. ·

Sie kamen pünktlich um 11 Uhr, blieben eine halbe Stunde und gingen mit Hausaufgaben. Beim nächsten Mal hatten sie alle Hausaufgaben gemacht, und zwar jeder von ihnen.

In 20 Wochen, nach 20 gemeinsamen Stunden, hatten sie alles geschafft, den Stoff von sechs Jahren. Jeder einzelne beherrschte den Stoff im Schlaf.

Wir feierten das Ende des Kurses mit einem rauschenden Fest. Es war nicht das erste Mal und sollte auch nicht das letzte Mal sein, daß ich vom Erfolg unserer so geschätzten Theorie ergriffen war. Sie hatte funktioniert, mit überragendem Erfolg.

Vielleicht hätte ich mich auf das, was geschah – auf das, was mir ein Wunder zu sein schien –, vorbereiten sollen. Eine Woche später sprach ich mit Alan White, der jahrelang Spezialist für elementare Mathematik an staatlichen Schulen war und die neuesten und besten pädagogischen Methoden kannte.

Ich erzählte ihm die Geschichte von meinem Kurs.

Er war nicht überrascht.

„Warum nicht?" fragte ich, erstaunt über seine Antwort. Ich war immer noch benommen von der Geschwindigkeit und Gründlichkeit, mit der meine zwölf gelernt hatten.

„Jeder weiß doch", antwortete er, „daß der Stoff an sich gar nicht so schwer ist. Das Schwierige, praktisch Unmögliche, ist, diesen Stoff in den Kopf junger Menschen zu bekommen,

---

* Amerikanische Schüler schämten sich damals normalerweise, mit jüngeren oder weniger erfolgreichen Schülern zusammenzuarbeiten.

die jeden Schritt hassen. Der einzige Weg, mit dem wir auch nur die geringste Chance haben, besteht darin, ihnen jahrelang jeden Tag ein kleines Stück vorzusetzen. Aber selbst dann klappt es nicht. Zeig mir ein Kind, das den Stoff lernen möchte – 20 Stunden oder so, ja, das kommt hin."

Ich denke, das ist richtig. Es hat noch nie wesentlich länger gedauert.

Unterricht

Mit Wörtern müssen wir vorsichtig umgehen. Es ist ein Wunder, wenn sie für zwei beliebige Menschen das gleiche bedeuten. Denn meist ist das nicht der Fall. Wörtern wie „Liebe", „Frieden", „Vertrauen", „Demokratie" bringt doch jeder Erfahrungen eines ganzen Lebens, eine Weltanschauung, entgegen. Und wir wissen, wie selten wir diese mit anderen gemeinsam haben. Nehmen wir das Wort „Unterricht". Ich weiß nicht, was es in Kulturen bedeutet, die keine Schule kennen. Vielleicht gibt es bei ihnen dieses Wort überhaupt nicht. Den meisten Leuten, die es lesen, vermittelt es eine Fülle von Bildern: Einen Raum, in dem sich „Lehrer" und „Schüler" befinden. Die Schüler sitzen an Tischen und erhalten vom Lehrer „Anweisungen". Dieser sitzt oder steht vor ihnen. Und dieses Wort vermittelt noch mehr: eine „Unterrichtsstunde", die feste Zeit, zu der der Unterricht stattfindet; Hausaufgaben; ein Lehrbuch, in dem der Unterrichtsstoff für alle Schüler klar dargelegt ist.

Und „Unterricht" vermittelt noch mehr: Langeweile, Frustration, Erniedrigung, Leistung, Versagen und Konkurrenz.

An Sudbury Valley bedeutet dieses Wort etwas ganz anderes.

Hier ist Unterricht eine Vereinbarung zwischen zwei Seiten. Es fängt mit einer oder mehreren Personen an, die sich entscheiden, etwas Bestimmtes lernen zu wollen – sagen wir Algebra oder Französisch, Physik, Rechtschreibung oder Töpfern. In vielen Fällen finden sie heraus, wie sie es alleine lernen können. Sie finden ein Buch oder ein Computerprogramm, oder sie schauen jemandem zu. Wenn das geschieht, ist es kein Unterricht. Dann ist es einfach Lernen.

Dann gibt es Fälle, in denen sie es nicht alleine tun können. Sie suchen jemanden, der ihnen helfen kann, jemanden, der einverstanden ist, ihnen genau das zu geben, was sie wollen, damit das Lernen stattfinden kann. Wenn sie diesen Menschen finden, schließen sie ein Abkommen: „Wir machen das und das, und du machst dies und jenes – o.k.?" Wenn alle Seiten einverstanden sind, rufen sie einen Kurs ins Leben.

Die, die das Abkommen anregen, werden „Schüler" genannt. Wenn sie sich nicht kümmern, gibt es keinen Unterricht. Meistens finden die Kinder an der Schule selbst heraus, was sie lernen wollen und wie sie es eigenständig lernen können. Unterricht gibt es nicht oft.

Derjenige, der das Abkommen mit den Schülern eingeht, wird „Lehrer" genannt. Lehrer können auch andere Schüler der Schule sein. Normalerweise sind es Honorarkräfte, die für diese Tätigkeit eingestellt werden.

Lehrer an Sudbury Valley müssen bereit sein, solche Abkommen einzugehen, die die Bedürfnisse der Schüler befriedigen. Es gibt viele Leute, die der Schule schreiben, daß sie als Lehrer eingestellt werden wollen. Viele von ihnen erzählen uns lang und breit, wieviel sie Kindern „geben" müssen. Solche Leute sind für die Schule nicht geeignet. Uns ist wichtig, was die Schüler nehmen wollen – nicht, was die Lehrer geben wollen. Für viele professionelle Lehrer ist das schwer zu verstehen.

Die Unterrichts-Vereinbarungen beinhalten alle möglichen Angaben: Inhalt und Zeiten, Pflichten der beiden Seiten. Zum Beispiel muß der Lehrer, um das Abkommen zu schließen, sich bereit erklären, sich zu bestimmten Zeiten mit den Schülern zu treffen. Diese Zeiten können feste Zeiträume sein: eine halbe Stunde jeden Dienstag um 11 Uhr. Oder sie können flexibel sein: „Wann immer wir Fragen haben, treffen wir uns montags um 10, um sie zu bearbeiten. Wenn wir keine Fragen haben, treffen wir uns erst nächste Woche." Manchmal wird ein Buch ausgesucht, das als Anknüpfungspunkt dienen soll. Für die Schüler ist es Bestandteil der Abmachung zu kommen. Sie stimmen z.B. zu, pünktlich da zu sein.

Kurse enden, wenn eine Seite genug von der Vereinbarung hat. Wenn die Lehrer herausfinden, daß sie das Gewünschte nicht bieten können, können sie sich zurückziehen – und die Schüler müssen, falls sie den Kurs fortsetzen wollen, einen anderen Lehrer suchen. Wenn die Schüler feststellen, daß sie nicht weitermachen wollen, müssen sich die Lehrer und die Schüler während der vereinbarten Zeit anderweitig beschäftigen.

Hin und wieder gibt es an der Schule doch noch eine andere Art Unterricht. Dies ist dann der Fall, wenn jemand glaubt, etwas Neues und Einzigartiges mitteilen zu müssen, das man nicht in Büchern findet, und von dem er meint, daß es andere interessieren könnte. Dann bringt er einen Zettel an: „Wer an Demunddem interessiert ist, kann mich am Donnerstag um 10.30 Uhr im Seminarraum treffen" und warten. Wenn Interessenten kommen, geht's gleich los. Wenn nicht, dann eben nicht. Leute können auch beim ersten Mal kommen und, wenn es ein zweites Mal gibt, sich entscheiden, nicht wieder hinzugehen.

Ich habe so etwas einige Male gemacht. Beim ersten Treffen finden sich gewöhnlich recht viele ein: „Mal sehen, was er zu sagen hat." Beim zweiten Mal kommen schon weniger. Schließlich habe ich eine kleine Gruppe, die sich wirklich dafür interessiert, was ich zu dem Thema zu sagen habe. Für sie ist es eine Art Unterhaltung und für mich (und andere) eine Möglichkeit, den anderen mitzuteilen, wie wir denken.

Ausdauer

Es ist schon wieder eine Frage der Wörter. So, wie ich es gerade beschrieben habe, klingt Lernen beiläufig, unverbindlich und zurückgelehnt. Heute so, morgen so. Zufällig. Chaotisch. Undiszipliniert.

Oft wünschte ich, daß es so wäre.

Gleich als die Schule eröffnet wurde, schrieb sich der 13jährige Richard ein und war bald nur noch mit klassischer Musik beschäftigt – und mit Trompetespielen. Nach kurzer Zeit war er sich sicher, daß er das Interesse seines Lebens gefunden hatte. Mit Jan, einem an der Schule tätigen Lehrer und Trompeter, der ihm helfen konnte, stürzte er sich in sein Studium.

Richard spielte jeden Tag vier Stunden Trompete. Wir konnten es kaum glauben. Wir schlugen ihm andere Aktivitäten vor, aber es nutzte nichts. Was auch immer Richard machte – und er machte vieles an der Schule –, er fand immer vier Stunden Zeit zum Trompetespielen.

Er kam aus Boston. Eine und eine Viertelstunde Weg jeden Morgen und jeden Nachmittag, oft eine halbe Stunde oder mehr zu Fuß von der Busstation in Framingham zur Schule. Wie der sprichwörtliche Briefträger: bei Regen oder Sonnenschein, bei Hagel oder Schnee, Richard kam zur Schule und strapazierte unser Trommelfell.

Bald darauf entdeckten wir die Vorzüge des alten Mühlhauses am Teich. In unseren – und in Richards – Augen hatte dieses aus Granit gebaute, mit Schiefer gedeckte und in einer abgelegenen Ecke des Geländes gelegene alte vernachlässigte Haus plötzlich Schönheit bekommen. Im Handumdrehen wurde es in ein Musikstudio verwandelt, in dem Richard nach Herzenslust üben konnte.

Und er übte.

Vier oder mehr Stunden am Tag, vier Jahre lang.

Bald nachdem er von der Schule abgegangen war und weitere Studien an einem Konservatorium beendet hatte, spielte Richard das Erste Horn in einem großen Symphonieorchester.

Nach Richard kam Fred, dessen Leidenschaft das Schlagzeug war. Schlagzeug am Vormittag, Schlagzeug am Nachmittag und Schlagzeug in der Nacht. Wir konnten den Lärm nicht aushalten. Deshalb mußten wir schnell handeln. Wir richteten für ihn einen Schlagzeug-Raum im Keller ein und gaben ihm den Schlüssel, damit er früh, spät und am Wochenende Schlagzeugspielen konnte.

Wir bemerkten, daß der Keller vom Rest des Hauses akustisch nicht ganz isoliert war. Oft war es, als ob man in der Nähe eines Dschungeldorfes lebte mit dem ständigen Dröhnen der Trommeln im Hintergrund.

Nach zwei Jahren, im Alter von 18, verließ er die Schule. Wir liebten ihn, aber viele von uns waren auch erleichtert.

Es ist nicht nur Musik, die die hartnäckige Ausdauer, die wir alle in uns haben, nach außen bringt. Jedes Kind findet schnell ein, zwei oder mehr Gebiete, auf denen es unablässig tätig ist.

Manchmal ist es noch nicht einmal der Stoff, an dem die Schüler Spaß haben. Jedes Jahr arbeiten sich einige der älteren Schüler, die fest entschlossen sind, aufs College zu gehen, zielstrebig durch die SATs (Scholastic Aptitude Tests), die berüchtigten „Eignungs"tests, auf die sich Colleges im ganzen Land stützen, um ihre schwierigen Zulassungs-Entscheidungen zu treffen. Normalerweise finden die Jugendlichen einen Lehrer, der ihnen an den schwierigen Stellen hilft. Aber die Arbeit erledigen sie ganz alleine. Sie schleppen dicke Prüfungsbücher von einem Raum in den anderen und studieren sie ganz genau, Seite für Seite. Dieser Vorgang ist immer sehr intensiv. Selten brauchen sie mehr als vier oder fünf Monate dazu, obwohl sich die meisten vorher mit dem Thema nie beschäftigt haben.

Es gibt Schriftsteller, die sich hinsetzen und jeden Tag stundenlang schreiben. Es gibt Maler, die malen, Töpfer, die töpfern, Köche, die kochen, und Athleten, die Sport treiben.

Es gibt Leute mit gewöhnlichen Interessen. Und es gibt welche mit exotischen Interessen.

Luke wollte Leichenbestatter werden – nicht gerade ein üblicher Berufswunsch für einen 15jährigen. Aber er hatte seine Gründe. In seiner Vorstellung konnte er klar sehen, wie sich sein Bestattungsunternehmen um die Bedürfnisse der Gesellschaft kümmert und wie er selbst den trauernden Verwandten Trost spendet.

Luke machte sich mit Begeisterung an sein Studium: Physik, Chemie, Biologie und Zoologie. Mit 16 Jahren war er bereit für die eigentliche Arbeit. Wir halfen ihm, außerhalb der Schule seinen Platz zu finden. Der Chefpathologe in einem der regionalen Krankenhäuser nahm den eifrigen, hart arbeitenden Schüler in sein Labor. Luke lernte jeden Tag mehr Verfahren und meisterte sie, zur Freude seines Chefs. Innerhalb eines Jahres führte er im Krankenhaus unter der Aufsicht seines Mentors ohne Hilfe Autopsien durch. Es war das erste Mal, daß das Krankenhaus so etwas erlaubt hatte.

Innerhalb von fünf Jahren war Luke Leichenbestatter. Heute, einige Jahre später, ist sein Bestattungsunternehmen Wirklichkeit geworden.

Und dann war da Bob.

Eines Tages kam Bob zu mir und fragte: „Bringst du mir Physik bei?" Für mich gab es keinen Grund, skeptisch zu sein. Bob hatte schon so vieles so gut gemacht, daß wir alle wußten, daß er Dinge bis zum Ende überblicken konnte. Er hatte den Verlag der Schule geleitet. Er hat ein gründlich recherchiertes (und veröffentlichtes) Buch über das Justizsystem der Schule geschrieben. Er hatte unzählige Stunden dem Klavierüben gewidmet.

Also stimmte ich schließlich zu. Unsere Abmachung war einfach. Ich gab ihm ein dickes und schweres College-Lehrbuch über Einführung in die Physik. Ich hatte oft danach unterrichtet und, als ich Anfänger war, selbst eine frühere Version benutzt. Ich kannte die Fallen. „Geh das Buch Seite für Seite, Übung für Übung durch", sagte ich Bob, „und komm zu mir, sobald du das kleinste Problem hast. Es ist besser, Probleme frühzeitig zu erkennen, als sie zu großen Brocken wachsen zu lassen." Ich dachte, ich wüßte genau, wo Bob das erste Mal stolpern würde.

Wochen vergingen, Monate.

Bob kam nicht.

Es entsprach nicht seiner Art, etwas aufzugeben, bevor oder gleich nachdem er sich eingearbeitet hatte. Ich fragte mich, ob er das Interesse verloren habe. Ich schwieg und wartete.

Fünf Monate nachdem er begonnen hatte, fragte er, ob er mich sprechen könnte. „Ich habe ein Problem auf Seite 252", sagte er. Ich versuchte, nicht überrascht zu schauen. Es dauerte fünf Minuten, um zu klären, was sich als kleines Problem herausstellte.

In Sachen Physik kam Bob nie wieder. Er bewältigte das ganze Buch allein. Und er beschäftigte sich mit Algebra und Differential- und Integralrechnung, ohne daß er auch nur gefragt hätte, ob ich ihm helfen würde. Ich glaube, er wußte, daß ich es tun würde.

Bob ist Mathematiker geworden.

Der Zauberlehrling

Als Luke beim Pathologen im Krankenhaus arbeitete, war er Sudbury Valleys erster offizieller externer Lehrling. Es ließ sich nicht einrichten, daß Luke auf dem Schulgelände Autopsien durchführen konnte. Wie gut unsere Laboreinrichtungen auch immer sein mögen, man konnte dort nicht an menschlichen Leichen arbeiten. Im Alter von 15 Jahren konnte Luke sich für eine von zwei Möglichkeiten entscheiden. Entweder würde er sechs oder sieben Jahre warten, bis er alt genug und mit dem College fertig wäre und dann in sein gewähltes Gebiet wechseln; oder er konnte dies tun, wenn er dazu bereit war, und das war sofort. Wir sahen keinen Grund, warum er warten sollte. Wir gingen zu Ärzten im Ort und trugen unseren Fall vor, bis wir einen fanden, der die Dinge genauso sah wie wir. Wir trafen eine Vereinbarung mit ihm, die den an der Schule getroffen Unterrichts-Abmachungen ziemlich ähnlich war: Ihr bekommt Luke als Assistenten, kostenlos, weil es Teil seines Bildungsweges ist; im Gegenzug gebt ihr Luke diese und jene spezielle Ausbildung. Die Ausbildung war detailliert festgelegt. Alle Beteiligten stimmten den Bedingungen zu, und das erste Ausbildungsprogramm der Schule nahm seinen Lauf.

Die Idee fand Anklang. Als Jill ein Interesse an Theater entwickelte, war sie bald an dem Punkt, an dem sie mehr brauchte, als die Schule ihr bieten konnte. Die Arbeit hinter den Kulissen war ihre Sache – Maske, Kostüme, Bühnenbild und Beleuchtung. Sie absolvierte eine Lehre am Loeb-Theater in Cambridge und wurde bald angestellt, um an professionellen Theatern im ganzen Land zu assistieren. Ihr neu gefundenes Handwerk half ihr, den Weg durchs College zu finanzieren, an dem sie einen akademischen Grad in Theaterwissenschaft erwarb, der ihre Karriere förderte.

Wann soll man auf dem Schulgelände bleiben, wann sich woandershin wenden? Es ist oft nicht einfach gewesen, eine Entscheidung zu treffen. Mit 14 Jahren begann Saul, seine ganze Aufmerksamkeit der Fotografie zu widmen. Bald benutzte er die Dunkelkammer der Schule und beherrschte das ABC eines Fotolabors. Er war schnell unzufrieden mit der Ausstattung der Schule, aber statt sich woanders umzusehen, entschied er sich, das vorhandene zu verbessern. Langsam, mühsam, lernte er Tischlern in der Werkstatt. Er studierte Handbücher über technische Fotografie. Im Laufe eines Jahres baute er das Fotolabor vollständig um, wozu er, wo es nötig war, gebrauchte Ausrüstung anschaffte. Da er der vierte an der Schule war, der sich in die Fotografie verliebte und die Dunkelkammer umbaute, sah sie wirklich großartig aus, als er fertig war.

Selbst das war, als er 16 war, nicht mehr genug. Er brauchte praktischen Unterricht durch einem Fachmann. Wochenlang fuhr er unermüdlich in der Nähe von Boston umher und suchte einen kommerziellen Fotografen, der ihn als Lehrling annehmen würde. Die Antwort war nicht ermutigend: „Geh aufs College", sagte einer. „Arbeite in einem Massenfertigungslabor", riet ihm ein anderer.

Als er an Joe geriet, wußte er bereits, wie er seinen Fall vorzubringen hatte. Die Einwände wurden, einer nach dem anderen, beiseite geschoben. Aber Joe wollte nicht riskieren, ein „kleines Kind" auszubilden. „Ich habe mit Teenagern zu tun gehabt", sagte er, „und sie sind alle verantwortungslos. Sie kommen nicht pünktlich, sie pfuschen rum, sie lassen den Job schleifen." Saul ließ nicht locker. Die Schule stärkte ihm den Rücken und ging eine feste Verpflichtung ein. An zwei Tagen in der Woche fuhr Saul mit dem Bus nach Boston und arbeitete für Joe.

Er fing ganz von vorne an. Am Ende des Jahres, als er seine Lehre abgeschlossen hatte, wurde er gebeten, zu bleiben und Joes Labor zu führen.

Heute ist Saul Kunstfotograf und ein fähiger Praktiker im kommerziellen Teil seines Gebietes.

Bisher ist nur ein Ausbildungsverhältnis gescheitert. Dies geschah, als sich herausstellte, daß der Meister zu verantwortungslos war, um seinen Teil der Abmachung einzuhalten. Nach einer Weile gab der Schüler auf und sah sich woanders um.

Ein Mann hat im Laufe der Jahre mehr von unseren Schülern in solche Lehrverhältnisse genommen als irgend jemand sonst.

Alan White ist Bauunternehmer. Als Sudbury Valley gerade eröffnet worden war, war er Direktor einer öffentlichen Schule, die Verwaltungsleiter hinaufgestiegen. Alan ist mit den idealen Talenten für einen erfolgreichen Verwaltungsbeamten gesegnet. Er ist sehr intelligent, gibt aber nicht an. Er hat ein ausgeglichenes Temperament und verliert niemals die Beherrschung. Er ist gerecht, freundlich, vernünftig und hat sein Leben im Griff.

Als wir gerade eröffnet hatten, war Alan in der ganzen Umgebung von Boston der einzige Verwaltungsbeamte an einer öffentlichen Schule, der auf unsere direkte Einladung, zu sehen, was wir tun, reagierte. Er war neugierig. Seine Neugier brachte ihn fast um.

Es war kurz bevor Alan, der jetzt Schul-Superintendent in einer Stadt in unserer Gegend ist, sich stark mit Bildungsreform zu beschäftigen begann. Sudbury Valley war zu seinem Hobby geworden. Je mehr er an unserer Schule sah, desto mehr war er angeregt, Veränderungen in öffentlichen Schulen durchzuführen, auch wenn es nur wenige waren.

Seine Stadt war bald von einer tobenden Kontroverse zerrissen und seine alternative öffentliche Modellschule – von den damaligen Schülern und Mitarbeitern noch 15 Jahre später geliebt und ihnen eine angenehme Erinnerung – zurück in die Herde gezwungen.

Alan verließ das öffentliche Bildungswesen. Er verzichtete auf seine Arbeitsplatzgarantie, seine wachsenden Rentenansprüche, seine Vergünstigungen. Er ging zurück zu seiner alten Liebe, dem Tischlern, und war bald allgemeiner Bauunternehmer.

All die Jahre hindurch wich uns Alan nie von der Seite. Er war da, um uns zu helfen, uns zu beraten und uns zu trösten. Vom ersten Jahr an wurde er Jahr für Jahr als Vorsitzender des Trägervereins der Schule wiedergewählt.

Und wenn sich jemand an der Schule für Tischlern oder Bauen interessierte, wurde er Lehrling bei Alan. Vier Schüler gingen durch Alans Hände, lernten das Handwerk und machten es zu ihrem Beruf.

Das Ausbildungsprogramm ermöglichte Alan, im Bildungsbereich zu bleiben, in der ursprünglichen Bedeutung dieses Wortes. Und es hat vielen anderen Ausbildern das aufregende Erlebnis verschafft, als Meister mit lernbegierigen, tatkräftigen jungen Lehrlingen zu arbeiten.

Lesen und Schreiben

In beinahe zwei Jahrzehnten hat es an Sudbury Valley nie einen Fall von Legasthenie gegeben. Niemand weiß genau warum. Die Ursache von Legasthenie, ihr Wesen und die Frage, ob es sich dabei überhaupt um eine echte funktionale Störung handelt, sind Gegenstand großer Kontroversen. Einige Fachleute gehen davon aus, daß bis zu 20 Prozent der Bevölkerung unter dieser mutmaßlichen Störung leiden.

Die Tatsache ist, daß sie an Sudbury Valley nie vorkam. Was einfach daran liegen könnte, daß wir nie jemanden gezwungen haben, lesen zu lernen.

Lesen stellt uns auf eine harte Probe. Wie bei allem anderen lassen wir die Initiative vom Kind kommen. Wir treiben niemanden an. Niemand sagt: „Lerne jetzt lesen!" Niemand fragt: „Hättest du nicht Lust, jetzt lesen zu lernen?" Niemand suggeriert: „Denkst du nicht, daß es eine gute Idee wäre, jetzt lesen zu lernen?" Und niemand bietet mit geheuchelter Aufregung an: „Würde es nicht Spaß machen, lesen zu können?" Unser Credo lautet: Warte, bis der Schüler den ersten Schritt macht.

Es ist einfach, nach seinen Überzeugungen zu leben, wenn die Dinge so ablaufen, wie jeder es gern hätte. Nimm meine eigene Familie. Unser ältestes Kind zeigte mit fünf Jahren Interesse am Lesen. Aus eigener Kraft war der Junge mit sechs Jahren Leser. Kein Problem. Alles „funktionierte" prima.

Dann kam unsere zweieinhalb Jahre jüngere Tochter. Wie bei jedem anderen Kind an der Schule warteten wir, bis sie darum bat, im Lesen unterrichtet zu werden – oder es sich selbst beibrachte. Wir warteten. Und warteten. Und warteten.

Daß sie mit sechs Jahren nicht las, war für alle o.k

Daß sie mit sieben noch nicht las, war in den Augen der Leute nicht so schlimm. Großeltern und Bekannte begannen sich zu sorgen und machten Andeutungen in unsere Richtung.

Daß sie mit acht immer noch nicht las, war in der Familie und unter Freunden ein Skandal. Wir waren die pflichtvergessenen Eltern. Die Schule? Nun, die Schule konnte kaum eine richtige Schule sein, wenn sie zuließ, daß Achtjährige Analphabeten sind, ohne etwas dagegen zu tun.

An der Schule schien das niemand zu bemerken. Die meisten ihrer gleichaltrigen Freunde konnten lesen. Einige konnten es nicht. Sie selbst störte das nicht. Ihre Tage an der Schule waren ereignisreich und glücklich. Mit neun Jahren entschied sie, lesen zu wollen. Ich weiß nicht, warum sie damals diese Entscheidung traf, und sie erinnert sich nicht. Mit neuneinhalb konnte sie alles mögliche lesen. Jetzt war sie für niemanden mehr ein „Problem". Natürlich war sie nie ein Problem gewesen.

Unsere persönliche Erfahrung war nicht untypisch. An der Schule lernen einige Kinder das Lesen früh, und einige spät. Alle lernen lesen, wenn sie dazu bereit sind, und nicht eine Minute früher. Letzten Endes lesen sie alle ganz gut.

Einige der späten Leser werden Bücherwürmer. Einige der frühen Leser begnügen sich damit, diese Fertigkeit zu beherrschen, und rühren dann selten ein Buch an.

Wir haben kein einziges Buch für Lese-Anfänger in der Schule. Keine Fibeln für die erste, zweite, dritte Klasse. Ich frage mich, wie viele Erwachsene – außer den Lehrern – jemals in ein Anfänger-Lesebuch geschaut haben. Diese Fibeln sind verdummend einfältig, langweilig und belanglos. Einem modernen Kind, ausgebufft und vom Fernsehen aufgezogen, können diese Bücher nur idiotisch erscheinen. Ich habe ganz sicher noch nie ein Kind gesehen, das ein solches Buch aus bloßem Vergnügen in die Hand genommen und gelesen hätte.

Eigentlich macht sich niemand an Sudbury Valley Sorgen um das Lesen. Nur wenige Kinder suchen überhaupt irgendwelche Hilfe, wenn sie sich entscheiden, es zu lernen. Jedes Kind scheint seine eigene Methode zu haben. Einige lernen es, indem sie vorgelesen bekommen, die Geschichten auswendig lernen und sie dann schließlich lesen. Einige lernen es von Müsli-Packungen, andere von Spielanleitungen und wieder andere von Straßenschildern. Einige bringen sich selbst das Buchstabieren bei, andere die Aussprache von Silben und andere von ganzen Wörtern. Um ehrlich zu sein, wir erfahren selten, wie sie es tun, und nur selten können sie es sagen. Einmal fragte ich ein Kind, das gerade lesen gelernt hatte: „Wie hast du lesen gelernt?" Es antwortete: „Es war einfach. Ich lernte ‚Ein', und ich lernte ‚Aus'. Und dann wußte ich, wie man liest."

Es zeigt sich, daß Lesen für Kinder ähnlich wie Sprechen ist. Die Gesellschaft steckt Kinder nicht in Sprechunterricht. (Wahrscheinlich nur, weil sie praktisch immer sprechen lernen, bevor die Schule sie zu fassen bekommt. Ich schätze, wenn Einjährige zur Schule gingen, gäbe es auch Sprechunterricht, zusammen mit dem vollen Spektrum neu entdeckter „Sprachstörungen".) Ganz wenige unglückliche Kinder haben funktionale Sprachstörungen, die eine Behandlung erfordern. Die überwältigende Mehrheit bringt sich das Sprechen selbst bei – und niemand weiß wie.

Warum lernen Kinder sprechen? Tatsache ist, daß Kinder von einer Welt von Menschen, die durch Sprechen kommunizieren, umgeben sind. Nichts wollen Kinder mehr als diese Welt meistern. Versuch sie aufzuhalten! Es ist zwecklos. Der Kampf eines Kindes, sprechen zu lernen, ist ein Epos von Zielstrebigkeit und Beharrlichkeit.

Das gleiche geschieht mit dem Lesen an Sudbury Valley. Wenn Kinder ihrem eigenen Plan überlassen werden, sehen sie schließlich selbst, daß in unserer Welt das geschriebene Wort ein Zauberschlüssel zum Wissen ist. Wenn ihre Neugier sie schließlich dazu führt, diesen Schlüssel haben zu wollen, bemühen sie sich um ihn mit der gleichen Begeisterung, die sie bei allen anderen Bestrebungen zeigen.

Und es ist soviel einfacher für sie, als sprechen zu lernen. Sie sind älter und erfahrener darin, immerzu Neues zu lernen. Sie wissen, was Sprache ist, wie sie funktioniert, was Wörter sind. Lesen lernen dauert einen Bruchteil der für Sprechenlernen erforderlichen Zeit und Kraft.

Schreiben ist wieder etwas anderes.

Viele Kinder wollen nicht nur schreiben, sondern auch schön schreiben. Es ist eine Frage der Ästhetik. Also gehen sie zu jemandem, um die Kunst des Schönschreibens zu lernen. Es ist wie Malen oder Sticken.

Die Wahrnehmung von Schreiben als ästhetische Fertigkeit kann manchmal zu Merkwürdigkeiten führen. Es ist nicht ungewöhnlich, daß kleine Kinder Stunden damit verbringen, Schönschrift zu lernen. Aber es ist seltsam, wenn die Hälfte davon nicht lesen kann. „Warum lernst du Schreibschrift, wenn du nicht lesen kannst?" habe ich oft gefragt. „Weil es schön ist", kam die Antwort. Einige Kinder lernen Handschrift als eine Kunst, machen dann etwas anderes und vergessen sie wieder. Ein paar Jahre später lernen sie lesen und fangen wieder ganz von vorn an, schreiben zu lernen!

Ich denke, es lohnt sich, es noch einmal zu sagen: An Sudbury Valley ist kein einziges Kind jemals gezwungen, gedrängt, getrieben, überredet oder bestochen worden, lesen zu lernen. Wir hatten noch nie einen Fall von Legasthenie. Keiner unserer Abgänger ist wirklicher oder funktionaler Analphabet. Einige Achtjährige sind es, einige Zehnjährige und sogar gelegentlich ein Zwölfjähriger. Aber zu dem Zeitpunkt, zu dem sie die Schule verlassen, kann man sie nicht unterscheiden. Niemand, der unseren älteren Schülern begegnet, könnte je das Alter erraten, in dem sie lesen oder schreiben gelernt haben.

Angeln

Jedes Jahr Anfang Juni kam John in die Schule, um mit mir über seinen Sohn zu reden. John war ein sanfter, intelligenter Mann, der begeistert seinen Sohn Dan unterstützte, der unsere Schule besuchte.

Aber John war auch besorgt. Nur ein bißchen. Gerade genug, um einmal im Jahr herzukommen und sich zu vergewissern.

J.F.: „Ich kenne die Philosophie der Schule und verstehe sie. Aber ich muß mit dir reden. Ich mache mir Sorgen."

Ich: „Was ist das Problem?" (Natürlich wußte ich es. Wir wußten es beide. Das ist ein Ritual, weil wir beide jedes Jahr dasselbe sagen, fünf Jahre in Folge.)

J.F.: „Dan macht an der Schule den ganzen Tag nichts anderes als Angeln."

Ich: „Was ist daran problematisch?"

J.F.: „Den ganzen Tag, jeden Tag, Herbst, Winter, Frühling. Alles, was er tut, ist Angeln."

Ich sah ihn an und wartete auf den nächsten Satz. Dieser wird mir das Stichwort liefern.

J.F.: „Ich mache mir Sorgen, weil er nichts anderes lernen wird. Irgendwann ist er erwachsen, und dann hat er keine Ahnung."

An diesem Punkt begann meine kleine Rede, wegen der er hergekommen war. Es ist alles in Ordnung, begann ich. Zunächst einmal: Er ist ein Experte im Angeln geworden. Er weiß mehr über Fische – ihre Arten, ihren Lebensraum, ihr Verhalten, ihre Biologie, ihre Vorlieben und Abneigungen – als irgend jemand, den ich kenne, jedenfalls in seinem Alter. Vielleicht wird er ein großartiger Fischer. Vielleicht schreibt er, wenn er erwachsen ist, das nächste Buch „Der vollkommene Angler"*.

Als ich in meiner Rede hier angekommen war, fühlte John sich etwas unbehaglich. Ein Snob war er nicht. Aber das Bild

* „Compleat Angler". Buch von Isaac Walton aus dem Jahr 1836

von seinem Sohn als führender Kapazität in Sachen Angeln schien ihm nicht glaubhaft. Ich fuhr fort, denn ich war nun in meinem Element.

Meist sagte ich, Dan hat andere Dinge gelernt. Er hat gelernt, ein Thema aufzugreifen und dabeizubleiben. Er hat die Freiheit schätzen gelernt, seinen wirklichen Interessen so intensiv nachgehen zu können, wie auch immer er will und wo auch immer sie ihn hinführen. Und er hat gelernt, glücklich zu sein.

Tatsächlich war Dan das glücklichste Kind an der Schule. Sein Gesicht strahlte immer; ebenso sein Herz. Jeder, ob alt oder jung, Mädchen oder Junge, liebte Dan.

Mein Vortrag war nun zu Ende. „Niemand kann ihm diese Dinge wegnehmen", sagte ich. „Irgendwann, eines Tages, wenn er das Interesse am Angeln verliert, wird er die gleiche Anstrengung auf eine andere Beschäftigung anwenden. Mach dir keine Sorgen."

John stand auf, dankte mir herzlich und ging. Bis zum nächsten Jahr. Seine Frau Dawn begleitete ihn nie. Sie war glücklich mit Sudbury Valley, weil sie ein Kind hatte, das Freude ausstrahlte.

Im Jahr darauf kam John nicht zu unserem Gespräch.

Dan hatte aufgehört zu angeln.

Mit 15 Jahren hatte er sich in Computer verliebt. Als er 16 war, arbeitete er als Service-Experte für eine Firma im Ort. Mit 17 hatte er mit zwei Freunden ein eigenes erfolgreiches Unternehmen für Computerverkauf und -service gegründet. Mit 18 Jahren hatte er die Schule abgeschlossen und war aufs College gegangen, um Informatik zu studieren. Er hatte genug Geld für die Schulgebühren und sonstigen Ausgaben gespart. Während der gesamten Zeit am College war er als geschätzter Experte bei Honeywell angestellt.

Dan vergaß nie, was er in den vielen Jahren des Angelns gelernt hat.

Viele haben ganze Bände über die Wunder und Schönheiten des Angelns geschrieben. Wir haben es an der Schule selbst gesehen. Kinder lieben angeln. Es ist entspannend und herausfordernd. Es findet draußen statt – bei Regen wie bei Sonnenschein. Wenn man am Ufer des Mühlteichs der Schule steht, ist man von raschelnden Bäumen umgeben, dem weichen Grau der Granitbauten, dem rauschenden Bach unter dem Mühldamm. Die meisten Kinder, die angeln, sehen die Schönheit. Alle fühlen sie.

Angeln ist gesellig. Sie angeln mit Freunden oder lernen von ihren Vorbildern. Jedes Jahr sehen wir eine neue Generation von Fünf- und Sechsjährigen, die lernt, mit den Sehnen zu kämpfen.

Angeln kann auch ungesellig sein. Man kann alleine sein, wenn man will. Niemand stört einen. Es ist ein Code. Oft geht jemand einen Tag mit einer Rute und Schnurrolle hinaus, einfach, um allein zu sein, nachzudenken und zu meditieren.

Angeln ist, ohne daß viel darüber geredet wird, ein wichtiger Teil des Lebens an der Schule. Oft wundere ich mich, was für ein Glück wir hatten, ein Schulgelände mit einem Teich zu finden.

Mein Erlebnis mit Dan und John geschah in den frühen Tagen der Schule. Es veranlaßte mich, über die Schule und was sie bedeutet nachzudenken. So war ich vollkommen unbesorgt, als mein jüngster Sohn anfing, den ganzen Tag lang zu angeln. Es war ein Déjà-vu.

Und ich wußte, daß er wußte, was er tat.

Arche Noah

Wir hatten es als Vorteil angesehen, daß zum Grundstück, das wir für die Schule kauften, Ställe und eine Scheune mit Wagenschuppen gehörten. Sie waren hübsch und konnten für Haustierhaltung genutzt werden.

Es fing ziemlich harmlos an. Molly, eine in dieser Gegend berühmte Pferde-Expertin, fragte, ob sie unsere Ställe für Reitunterricht nutzen könnte. Wir haben sofort zugesagt, auch wenn stundenlange Diskussionen notwendig waren, um sich auf vernünftige Bedingungen zu einigen. Als die Schule am 1. Juli 1968 öffnete, waren wir in der Lage, gegen eine geringe Extragebühr Reitunterricht anzubieten.

Bis zum 2. Juli hatten wir herausgefunden, daß Molly selbst in den Schuppen eingezogen war, mit Sack und Pack – um dort zu wohnen. Sie hatte nichts, wo sie sonst unterkommen konnte! Da dort weder ein Bad noch eine Küche war, bekamen wir allmählich Zweifel.

In den Ställen waren die Pferde untergebracht. Erkennbare Vorkehrungen dafür, sie sauber zu halten, gab es nicht. Tag für Tag bildete sich ein Haufen Pferdemist an den Stallwänden. Die Misthaufen waren schon an sich eine Zumutung. Sie verstießen aber vielmehr auch gegen die Gesundheits- und Brandschutzvorschriften.

In den Tagen der Eröffnung war das die kleinste unserer Sorgen. Glücklicherweise konnten die meisten unserer Schüler ein Pferd nicht von einem Nilpferd unterscheiden. Molly konnte ihre Zusagen nicht einhalten, und bald war sie gegangen.

Aber ihr Erbe lebte weiter.

„Wir würden gern Ziegen in den Ställen und in der Scheune aufziehen", sagten die Wilson-Kinder. Sie begründeten ihr Anliegen überzeugend vor dem School Meeting, in dem die Entscheidungen getroffen werden. Wir versuchten alle möglichen Einwände dagegen vorzubringen, die uns einfielen.

„Ihr werdet die Tiere auch am Wochenende und in den Ferien versorgen müssen", sagten wir.

„Kein Problem", kam ihre Antwort. Sie waren zu viert – drei Jungen und ein Mädchen – und wollten sich die Arbeit teilen.

„Ihr habt keine Ahnung, wie man Ziegen aufzieht", argumentierten wir.

„Stimmt nicht. Wir haben einiges gelesen und geholfen, die Ziegen von jemand anderem aufzuziehen. Jetzt wollen wir lernen, unsere eigenen aufzuziehen. Unsere Mutter wird uns helfen." Ihre Mutter war Lehrerin an der Schule.

Na gut, dachten wir, es ist ein legitimes Bildungsanliegen.

Es besteht kein Zweifel, daß das Lernen stattfand. Wie auch vieles andere. Zunächst wurde es erheblich unangenehmer, unser schönes Gelände zu benutzen, weil Ziegen überall Kötel hinterlassen. Es scheint, daß jedesmal, wenn einer der Wilsons – oder einer der vielen eifrigen Helfer, die sie angeworben hatten – mit den Ziegen spazierenging, die kleinen Lieblinge eine deutliche Spur hinterließen. Kein Geruch, wohlgemerkt. Aber nichts, auf das man sich gern zu einer netten Unterhaltung setzen wollte.

Dann die Ausbrüche. Ziegen sind lebhaft, wendig und zielstrebig. Irgendwie schafften sie es, ungefähr einmal in der Woche freizukommen. Wenn ich heute darauf zurückblicke, bin ich mir keinesfalls sicher, ob es immer Zufall war. Ausbrüche verursachten ein entzückendes Chaos in der Schule. Jeder rannte hinaus, um die Tiere einfangen zu helfen oder anderen dabei zuzusehen. Unter viel Rufen, Rennen und Kreischen wurde die Sache erledigt. Manchmal war auch ein Nachbargrundstück betroffen. Das verbesserte unser öffentliches Ansehen in der Gegend kaum.

Nach und nach wurden die Wilsons der Ziegen überdrüssig, lange nach den anderen von uns.

Dann kamen die Kaninchen.

„Wir wollen lernen, wie man gewerbsmäßig Kaninchen züchtet", sagten sie. Diesmal waren es die drei Wilson-Jungen und ihr Freund Andy, genannt „die Wilson-Gang".

Schwächlich walzten wir alle unsere alten Einwände aus. Es hatte keinen Zweck. Wir wußten, daß wir keine Chance hatten.

Sie hatten bewiesen, daß sie für Tiere sorgen können. Die Kaninchen würden in Käfigen gehalten – ausbruchssicher. Wir wußten, daß es keine Ausbrüche geben würde, da es kaum möglich ist, Kaninchen im Freien wieder einzufangen. Die Scheune wurde zur Kaninchenzucht umfunktioniert. Bis die Wilson-Gang die Lust an Kaninchen verlor.

Die Aufopferung der Schüler für ihre Tiere hat gelegentlich zu heldenhaften Taten geführt. Wie am Tag des großen Schneesturms 1975. Die Straßen waren unpassierbar, Schulen und Geschäfte geschlossen. Es kam für Marge, die Mutter von Chris und Amy, nicht in Frage, die beiden an diesem Tag zu den Ställen zu fahren, damit sie ihre Tiere versorgen konnten.

„Bitte, Mutti", bettelten sie, „die Ziegen müssen gefüttert werden und brauchen Wasser."

„Ich kann euch einfach nicht fahren", antwortete sie. „Autos sollen nicht einmal auch nur auf der Straße sein."

Ohne weiteres Zögern machten sich die zwei auf in den Sturm, zu einer Elf-Kilometer-Wanderung zur Schule. Die Ziegen wurden liebevoll gepflegt. Sechs Stunden später kehrten Amy und Chris zu ihrer besorgten Mutter zurück.

Die Scheune ist später renoviert worden. Dabei haben wir die Tierboxen entfernt. Aber die Ställe gibt es immer noch. Es ist noch immer möglich, an der Schule Pferde zu züchten. Hin und wieder werden sicherlich einige Schüler ihr Glück versuchen. Bis Tiere bei Kindern völlig aus der Mode kommen.

Chemie

Schließlich kommen ständig Dinge aus der Mode.

In meiner Jugend waren die „Genies" der Gegend immer Chemiker. Sie hatten Labors in ihren Kellern, wo sie den größten Teil ihrer Zeit verbrachten. Hin und wieder hörte man von einem Feuer oder einer Explosion, die einer der jungen „Verrückten Wissenschaftler" ausgelöst hatte, indem er das falsche Gebräu zusammenmischte.

In den späten 60er Jahren war diese Art Beschäftigung dann nicht mehr das, was die meisten wollten. Obwohl wir Hanna, eine erfahrene Chemikerin, an der Schule hatten, bestand nie Nachfrage danach.

Wir eröffneten die Schule ohne Chemielabor. Jahrelang blieb das so.

Dann, eines Tages, entwickelten mehrere Schüler eine Leidenschaft für Chemie. Es mußte etwas dafür getan werden.

Es war damals kaum Geld für irgend etwas vorhanden. Es waren die frühen 70er, und wir hatten mächtig zu kämpfen. Laborausrüstung hatte Preise, die außerhalb unserer Möglichkeiten lagen. Wenn wir zu tun versucht hätten, was jede andere Schule tat, hätten wir mehr Geld für das Labor aufgewendet, als wir seit dem Eröffnungstag insgesamt ausgegeben hatten.

Hanna hatte als Biochemikerin am MIT gearbeitet, bevor sie sich für die Schule engagierte. Sie hatte dort, und an anderen Universitäten, noch Freunde. Sie erinnerte sich, wie die Dinge früher abliefen. Jedes Jahr wurden neue Projekte in Angriff genommen, immer mit einer Menge allermodernster Ausrüstung. Jedes Jahr wurden Tonnen alter Ausrüstung und Einrichtungsgegenstände weggeworfen.

Sie entschied sich, dem „Müll" nachzulaufen, von dem das meiste so gut wie neu war. Geduldig rief Hanna mit ihrer Bedarfsliste in der Hand der Reihe nach bei verschiedenen Chemie- und Biologie-Instituten an. Innerhalb von ein paar Wochen hatte sie jedes einzelne Teil, das sie brauchte.

Dies waren keine für den Schulmarkt angefertigten Schülermodelle. Alles war von professioneller Qualität: Labortische, ein Ausguß, Schränke, Laborgläser, ein Mikroskop, Stühle – einfach alles. Was wir kaufen mußten, waren lediglich ein Feuerlöscher, eine Feuerdecke, etwas Holz, ein Ventilator und ein „Sturmfenster", um eine Abzugshaube einzubauen. Es ist nicht so, daß wir nicht auch eine Abzugshaube hätten bekommen können, nur waren alle verfügbaren zu groß für den Raum. Mehrere Monate verbrachten wir mit dem Zusammenbau des Labors. Als die Prüfungsbehörde ihren Segen gegeben hatte, stand es zur Benutzung bereit.

Chemie ist noch immer nicht sehr beliebt. Jedes Jahr wird ein wenig in diesem Fach gearbeitet – dies jedoch mit Stil.

Nicht alle chemischen Experimente wurden im Labor durchgeführt.

Eines Tages kam ich in die Schule und bemerkte einen seltsamen Geruch. Ich konnte ihn nicht genau einordnen, weil ich so etwas noch nie zuvor gerochen hatte. Der Geruch war schwach, und ich dachte, er komme aus dem Keller.

Ich fragte herum. Roch noch irgend jemand etwas Seltsames? Nein, keiner. Mehrere Leute fühlten sich unwohl. Die Wilson-Gang, die in der Küche herumhing, als ich hereinkam, sah an die Decke und versuchte, ihr Grinsen zu verbergen.

Das reichte mir als Anhaltspunkt. Da ist etwas Neues am Kochen, dachte ich. Und es kochte wirklich.

In der hintersten Ecke des Kellers, vor allen Blicken verborgen, hatten sie eine – Methanfabrikation gebaut!

Es war Mitte der 70er Jahre. Das Land, die ganze Welt, durchlebte die große Energiekrise. Überall sprachen die Leute von alternativen Energiequellen: Wasserkraft, Sonnenkraft, Gezeitenkraft – und Biogas. Und wenige Materialien sind besser geeignet, brennbares Gas herzustellen, als Tiermist.

Ich hatte mich immer gefragt, was die Wilsons mit dem Mist aus ihrer Kaninchenhaltung machten. Nun hatte ich es herausgefunden. Geduldig bauten sie Stück für Stück den Gasgenerator; in wenigen Wochen hatten sie alles zusammengebaut. Der Kaninchenkot kochte im Gärbehälter, und das Methan sammelte sich in Gastanks. Es war so einfach. Es wäre wahrscheinlich monatelang so weitergegangen, wenn sich der Geruch des Kaninchendungs nicht in der Schule verbreitet hätte.

Es ist nicht so, daß die Wilsons vor irgend jemandem verheimlicht hätten, was sie taten. Sie hatten David, der für den Kontakt der Schule mit den Behörden verantwortlich war, um Erlaubnis gefragt. David war kein Chemiker. Sie erklärten ihm sorgfältig alles – was er erfahren sollte. Wir konnten David keine Schuld geben. War es einfach ein Zufall, daß sie sich mit keinem einzigen wissenschaftlich geschulten Mitarbeiter beraten hatten?

Die Methangas-Anlage war entfernt, bevor wir eine Chance hatten, herauszufinden, welch kraftvolle Energiequelle sie sein könnte.

Wir alle gehen auf Jagd

Die Materialien für die Methangas-Anlage stammten von der städtischen Müllhalde. Ebenso die Materialien für die vier Rasenmäher, die seit mehreren Jahren das Gras schneiden. Und auch die Fahrräder, Autos, Golfkarren und diverses Zubehör, zusammengestellt von den einfallsreichen Jungen. Jede Woche wurde Hanna herangezogen, die Wilson-Gang und ihre Kumpels zur Müllhalde zu fahren, wo sie deren neueste Erwerbungen inspizierten.

Das war ein Extrem, aber die Idee hatte ihren Ursprung in der Tradition von Sudbury Valley. Wir konnten nie verstehen, warum Schulen immer so viel für neue Einrichtung ausgeben mußten, wenn so vieles gebraucht erhältlich war oder sogar kostenlos.

Bevor wir die Schule eröffneten, mußten wir das Gebäude einrichten. Größtenteils wollten wir Einrichtungsgegenstände wie Tische, Stühle, Sofas, Lampen, Teppiche. Mit unseren begrenzten Geldbeständen klapperten wir die Gebrauchtwarenläden in der Region ab.

Eines Tages, nach einer Strähne von Enttäuschungen, trafen wir auf Lous Laden in Süd-Framingham. Wir erzählten ihm, wer wir waren und was wir wollten.

„Ich kann es nicht fassen", sagte er. „Erst sechs Monate bevor ihr eure Gebäude gekauft habt, kam der frühere Besitzer zu mir und bat mich, ihm eine riesige Ladung alter Einrichtung abzukaufen, die beinahe die ganze Scheune füllte. Sie ging für ein Butterbrot weg und hätte euch für zehn Jahre ausstatten können." Wir taten Lou leid. Wir waren niedergeschlagen. Von diesem Tag an wurde er unser wichtigster Lieferant, verkaufte uns verschiedene Stücke, wie sie gerade in sein Lager kamen.

Vieles von dem, was wir erhielten, war kostenlos. Eltern schenkten uns gebrauchte Sofas und Teppiche, wenn sie sich neu einrichteten. Eines Tages kam Alan White von der Arbeit an einem seiner Bauaufträge, der Umgestaltung der

Vorhalle eines Apartmenthauses. Er brachte einen Teppich in ausgezeichnetem Zustand mit, den er dort gerade entfernt hatte. Unser größter Raum wurde bald von einem Teppich geschmückt, der von einem Ende zum anderen reichte. Die Farben paßten nicht immer zueinander, aber wir taten unser Bestes, indem wir das Mobiliar umräumten, um die Ästhetik zu verbessern. Bei den größten Diskussionen, die im Laufe der Jahre stattfanden, ging es immer um die Innenausstattung. Schüler und Mitarbeiter konnten sich ohne weiteres stundenlang über das Für und Wider dieser und jener Farbenzusammenstellung oder dieser und jener Möbelanordnung streiten. Der Meinungsaustausch konnte hitzig werden; es ging um ästhetische Prinzipien.

Irgendwann während dieses Prozesses gründeten wir, um den Aufruhr zu kanalisieren, ein Komitee, das sich mit diesen Angelegenheiten befassen sollte. Jeder konnte daran teilnehmen. Anfangs wurde es „Komitee für Gemälde und Aufhängung" genannt, eine Bezeichnung, die seine Aktivitäten wahrscheinlich beschrieb! Später nahm es einen neutraleren Namen an: „Ästhetik-Komitee". Das einzige bestimmt nicht Ästhetische an diesem Komitee sind seine Hitzigkeit und seine Geräuschentwicklung während der Debatten.

Vieles war kostenlos. Das Chemielabor zum Beispiel. Die schöne Rutsche-und-Schaukel-Kombination, die von einer Familie nach dem Tod des Vaters gespendet wurde, der Ingenieur war und das Gerät für seine mittlerweile erwachsenen Kinder selbst entworfen und gebaut hatte. Ein Großteil der Dunkelkammer war eine Spende wie auch der Großteil der Bibliothek, und diese ist wirklich gut. Wir mußten nie einen Kühlschrank kaufen. Ein paar gute Zelte kamen gerade recht zu unseren Camping-Ausflügen.

An einem Heiligabend wurde in der Schule eingebrochen und unsere beiden elektrischen IBM-Schreibmaschinen entwendet – zwei der einzigen Gegenstände von finanziellem Wert, die wir besaßen. Einige Kinder verloren auch ihre Fahrräder und Gitarren. Und eine Stereoanlage war verschwunden.

Es waren düstere Ferien für die Schule.

Anfang Januar hatte uns dann ein Vater seine alte elektrische Remington gegeben, die noch funktionierte. Als ich zu einem Schreibmaschinen-Geschäft im Ort ging, um mich nach gebrauchten elektrischen zu erkundigen, kamen wir ins Gespräch. Am Ende hat der Besitzer uns aus Mitleid eine zweite Remington geschenkt! Innerhalb eines Jahres, als die alten Remingtons nach Monaten starker Benutzung gerade ihren Geist aufgaben, bekamen wir eine weitere IBM-Selectric und eine größere Remington gespendet, um sie zu ersetzen.

Oft bekamen wir viel mehr, als wir uns hätten träumen lassen. Als wir das erste Mal geschenkte Bücher annahmen, nahmen wir alles. Bald waren Keller und Boden mit Esoterika vollgestopft, die einer der acht Elite-Universitäten an der Ostküste würdig gewesen wären. Glücklicherweise mußten wir nichts für den Abtransport bezahlen: Ein Antiquar nahm sie uns ab und ließ uns sogar etwas Geld dafür da.

Dann gab es eine Zeit, als wir wie ein Lagerhaus für gebrauchte technische Geräte aussahen, mit einer Sammlung zusätzlicher Kühlschränke.

Oder auch der Tag, als uns sechs große Industrienähmaschinen angeboten wurden. Sie funktionierten, aber sie waren veraltet. Der Spender war eines unserer Beiratsmitglieder, Besitzer einer großen Näherei. Er war sicher, daß wir die Maschinen verwenden könnten, um Nähunterricht zu erteilen und Pullover herzustellen, um die Schule zu unterstützen. Sie hätten eine halbe Etage belegt! Mit einiger Schwierigkeit lehnten wir das Angebot ab, aber ich bin mir nicht sicher, ob er je das Gefühl überwunden hat, daß wir schwierig und verwöhnt seien.

Eines schönen Frühlingsmorgens kam Joan herein, atemlos. „Ich muß Marge finden und sofort mit ihr rausgehen", sagte sie im Ton höchster Dringlichkeit.

Zehn Minuten später waren sie triumphierend zurück. Auf ihrem Weg zur Schule hatte Joan vier Rohrgeflechtstühle auf dem Müllhaufen erblickt, den ein Hauseigentümer auf der Straße aufgeschüttet hatte, damit er an diesem Morgen abgeholt wird. Der Lastwagen der Müllabfuhr mußte jeden Augenblick kommen, und Joan lief um die Wette mit ihm. Ich konnte meinen Augen nicht trauen.

„Die sehen wie Müll aus", sagte ich, „selbst nach unseren Standards."

„Warte erst mal ab", antworteten Joan und Marge.

Ich wartete ab – und sah. Mit ihrem geschulten Auge hatten sie vier schöne Stühle gefunden, die etwas Reinigung und ein paar kleinere Reparaturen benötigten. Zwei Stunden später nannte die Schule vier glänzende Stühle ihr Eigen, so gut wie neu, die stolz in unserem neu umgestalteten Musikraum prangten.

So etwas war nichts Außergewöhnliches.

Sonderausgaben

Natürlich ist nicht alles kostenlos. Oder wenigstens gebraucht und billig.

Das Schulgebäude war mit einem Herd ausgestattet, der wie eine echte Antiquität aussah. Wir ließen ihn an seinem Platz, so daß, wenn jemand darum bat, Kochunterricht stattfinden konnte.

Das ist einer jener verrückten Zufälle: Es stellte sich heraus, daß immer eine Menge Kinder sich für Kochen interessierte, jahrein, jahraus, und daß wir eine großartige Köchin unter unseren Mitarbeitern hatten, zusammen mit mehreren nicht so großartigen, aber ganz brauchbaren Köchen. Mit anderen Worten, Kochen ist an Sudbury Valley immer wichtig gewesen. Margaret Parra, unsere Meisterköchin, gab nach einigen Jahren an der Schule sogar ein Kochbuch heraus, das Tausende von Benutzern begeistert hat. Und mehrere unserer Abgänger sind in Ausbildungsverhältnisse oder auf weiterführende Schulen gegangen und selbst Meisterköche geworden.

All das bringt mich zurück zum Herd. Wir brauchten nicht lange, um zu verstehen, daß er nicht mehr taugte. Er war nicht nur alt, er war miserabel. Und niemand hielt viel von der Idee, gebrauchte Herde zu bekommen. Wir hatten ja schon einen.

Was wir jetzt unbedingt brauchten, war eine „Sonderausgabe", wie so eine Ausgabe bei uns heißt. Genug, um zwei große Herde zu kaufen, von denen jeder vier Flammen und einen Backofen hatte. Das einzige Problem war, daß das Geld dafür nicht im regulären Budget vorgesehen war, und es gab keine Möglichkeit, es irgendwie abzuzweigen.

Die Sonderausgabe erforderte besondere Mittel. Also kamen alle Kinder und Mitarbeiter, die sich für Kochen interessierten, zusammen und organisierten eine Reihe Gebäckverkäufe, um Geld für die neuen Herde zu beschaffen.

Da war der Gebäckverkauf zum Erntedankfest, als Aufwärmphase. An alle Eltern wurden Preislisten und Bestellformulare geschickt. Die Reaktion war gut, und jeder Beteiligte lernte, wie man eine Massenproduktion bewältigt.

Dann gab es den großen Weihnachtsferien-Gebäckverkauf, veranstaltet in einem örtlichen Supermarkt, der so freundlich war, uns Platz für unseren guten Zweck zur Verfügung zu stellen. Eine Gruppe Schüler verbrachte die ganze Nacht bei mir zu Hause, um für diesen Tag zu backen – Brote, Kuchen, Plätzchen, Brötchen, Torten, Muffins, Kuchenbrötchen – ein riesiger Berg süßer Sachen. Als der Morgen anbrach, schleppten sich einige von uns zum Supermarkt und bauten unseren Laden auf. Um 1 Uhr mittags war alles verkauft.

Durch kleine Verkaufsaktionen das ganze Jahr hindurch, die sich an die Schüler und Mitarbeiter richteten, hatten wir eine kleine, aber stetige Geldquelle. Gelegentlich veranstalteten wir das gleiche mit Sandwiches, Salaten oder warmen Mahlzeiten.

Der Endspurt dieser Verkäufe kam zu Ostern, wieder an die Eltern. Danach hatten wir das Geld, das wir für unsere Herde brauchten, zusammen. Und wir hatten eine Sudbury-Valley-Tradition für Sonderausgaben geschaffen.

So ist es seitdem immer gewesen. Wenn jemand das School Meeting um Sonderausgaben bittet, ist die Antwort gewöhnlich: „Wenn du es wirklich ernsthaft willst, solltest du in der Lage sein, die Kosten tragen zu helfen." Manchmal besteht das School Meeting darauf, daß die gesamte Summe von den Antragstellern aufgebracht wird, manchmal nur auf einem symbolischen Betrag; aber meist übernimmt die Schule die Hälfte.

Diese Art Vereinbarung hat die Leute in der Schule über Jahre mit einer Menge gutem Essen versorgt, weil Essensverkäufe immer gut laufen – wenn das Essen lecker ist. Auf diese Weise wurden unter anderem die Ausstattung für die Sport-Aktivitäten, die Dunkelkammer und die Sattlerwerkstatt finanziert und mehrere Stereoanlagen. Manchmal wird das Geld auch durch andere Aktionen aufgebracht, z.B., als vier Schüler die Wiesen auf dem Schulgelände mähten, um die Holzwerkstatt ausstatten zu helfen.

Diese Art konzentrierten Spendensammelns war so erfolgreich, daß sich einige der ehemaligen Schüler entschieden, mitzumachen. Jedes Jahr fragen sie, welchen konkreten Bedarf außerhalb des regulären Budgets die Schule hat. Zuerst war es ein Computer; später kamen ein Drucker, Bücherregale für die Bibliothek, ein großer Teppich, Möbel, der Scheunenumbau und vieles mehr hinzu.

Um diese Dinge bezahlen zu helfen, organisierten die ehemaligen Schüler Veranstaltungen, wie einen Flohmarkt in der Innenstadt von Framigham. Aber die großen, die lustigen Unternehmen, sind die Schul-Auktionen gewesen, zu denen Schüler, Eltern und ehemalige Schüler als Teilnehmer auf beiden Seiten des Auktionstisches eingeladen waren. Sie stellen die zu versteigernden Waren und Dienstleistungen zur Verfügung und bieten auch für sie. Alles in allem ist das immer ein großes geselliges Ereignis.

Höchst ungewöhnlich sind die zur Versteigerung angebotenen Dienstleistungen, die einen Querschnitt der örtlichen Talente zeigen. Ein Rechtsanwalt stiftet eine Beratung für die Abfassung eines Testaments, ein Bauunternehmer Unterstützung bei der Planung eines neuen Hauses oder einer Renovierung, ein Bootsbesitzer einen Familienausflug auf dem Meer, Schüler einen Tag Gartenarbeit oder Babysitting.

Und die Sonderausgaben der Schule sind abgedeckt.

Die Methode ist unternehmerisch – und ansteckend. Eines Tages wünschten sich drei dem Angeln verschriebene Zehnjährige ein Boot. Es ging um viel Geld, und Gebäckverkäufe boten sich als eine bewährte Methode, das Geld aufzubringen, an.

Das einzige Problem war, daß dies keine Schulausgabe war, sondern eine private.

Das Trio machte sich eine Menge Gedanken darüber und kam schließlich mit einem Angebot ins School Meeting: „Ihr laßt uns unter festgelegten Bedingungen unseren konzessionierten privaten Gebäckverkauf betreiben, und wir geben der Schule 10 Prozent vom Gewinn ab."

So wurde die Privatkonzession geboren. Keine große Sache für uns, gewiß, aber den Unternehmern bedeutet sie viel.

Sie verdienten das Geld für das Boot. Und für einen Wohnwagen. Und für einen Motor.

Damit fügte die Schule ihrer Sammlung eine weitere farbenfrohe Tradition hinzu.

Moden und Marotten

Sudbury Valley ist eine „coole" Schule.

Es gibt keine festen Kurse oder Fachbereiche. Alles steht und fällt mit den Interessen der Schüler. Das bedeutet, daß wir wirklich mit der Zeit Schritt halten können. Immer.

Mitte der 70er Jahre waren von Küste zu Küste Lederarbeiten der Renner. Es dauerte nicht lange, bis unsere Teenager davon gepackt waren. Sie bekamen einen Vorsprung durch einen unserer Mitarbeiter, den Spezialisten für Holzarbeiten, Jim Nash, der zufällig ausgebildeter Sattler war.

Im Nu gingen die Kinder und Jim zum School Meeting, um die Erlaubnis zu erbitten, einen der Mehrzweckräume als Werkstatt für die Lederbearbeitung zu benutzen. Sie erschienen in großer Zahl und brachten ihre Argumente vor. Um den praktischen Betrieb zu regeln, wurde eine Gruppe mit förmlichem Status aus jenen eingerichtet, die sich für Arbeit mit Leder interessierten.

Es wurde umfassend untersucht, wie man das alles zweckmäßig organisiert und wo man Vorräte zum besten Preis bekommt. Bald war mit Hilfe des School Meetings und einiger Aktionen zur Geldbeschaffung eine schöne und voll ausgestattete Sattlerwerkstatt errichtet und in Betrieb.

Wir entwickelten einen neuen Dreh für laufende Ausgaben, einen, der sich später immer und immer wieder als nützlich erwies. Um den laufenden Betrieb abzudecken, wurde die Sattlerwerkstatt wie ein Kleinbetrieb geleitet. Das Startkapital kam als Darlehen vom School Meeting. Damit hatte man Geld zur Anschaffung von Materialien, in erster Linie verschiedene Arten Leder, aber auch Schnallen, Schnappverschlüsse, Knöpfe und ähnliches Zubehör. Die Materialien wurden in großen Mengen beim Großhandel eingekauft und an jene, die sie in der Werkstatt verwendeten, zu einem etwas höheren Preis verkauft. Das alles lief auf Vertrauensbasis. Sobald die Sattlerei erstaunliche Mengen an Gürteln, Brieftaschen, Mokassins, Westen, Schmuckbändern für Hand- und Fußgelenke, Hosen usw. herstellte, war sie in der Lage, das Darlehen zurückzuzahlen, das dann wieder als Startkapital für irgendeine andere Aktivität zur Verfügung stand. Es blieb sogar Geld übrig, um gelegentlich ungewöhnliche neue Dinge zu kaufen.

Auf seinem Höhepunkt war das Unternehmen Lederverarbeitung einer der Mittelpunkte der Schule. Man fand dort an fast jedem Tag ein Dutzend oder mehr Leute, die gleichzeitig stundenlang an ihren Projekten arbeiteten. Vor Weihnachten bekam man nur Stehplätze, da die Leute sich darauf stürzten, Geschenke für Freunde und Verwandte herzustellen.

Dann ließ es, so schnell, wie es gekommen war, wieder nach. Das Lederfieber erreichte im Land seinen Höhepunkt und flaute wieder ab, genauso in der Schule. Nach ein paar Jahren hektischer Aktivität ging die Werkstatt ein. Der Raum wurde praktisch nicht mehr benutzt.

Die Ausstattung war bald in Kisten verpackt, die Materialien verkauft. Die Lederwerkstatt wurde wieder ein Allzweckraum. Das alles fand ohne viel Aufhebens statt. Jeder verstand, wie man sich in dem Kreislauf menschlicher Interessen mitbewegt.

Die Geschichte um die Lederarbeiten hat sich mit allem möglichen wiederholt. Manchmal ging es um Modeerscheinungen, die im ganzen Land „in" waren. Zusammen mit allen anderen hatten wir unseren Ansturm auf Videospiele, Hackeysack, Schlittschuhlaufen, östliche Religionen und Gymnastik. Manchmal hielt sich so eine Mode und gehörte dann zu den fest verwurzelten Interessen. Als Computer in der Welt an Bedeutung gewannen, schafften wir einen an, von Geld, das wir mit Auktionen beschafft hatten. Jahr für Jahr brachte er Computergenies alles rund um dieses Medium bei. Nach fünf Jahren mit einem Apple II kauften wir ein leistungsfähigeres Gerät, mit dem wir unsere Büroleitung bewältigen und das auch den Experten als ausgefeilteres Spielzeug dient.

Aktuelle Ereignisse fesseln manchmal praktisch die ganze Schulgemeinschaft. Als das Fernsehen anfing, Tag und Nacht die Watergate-Anhörungen zu übertragen, die zum Rücktritt von Präsident Nixon führten, verbrachte man überall im Land viele Stunden damit, sich die Enthüllungen anzusehen. Keine Seifenoper kam je an das fesselnde Drama dieser Anhörungen heran. Die älteren Schüler trieben einen alten 19-Zoll-Fernseher auf, stellten ihn in einen der größten verfügbaren Räume und sahen fern. Bald machten jüngere Schüler, und gelegentlich ein paar Mitarbeiter, mit. Woche für Woche dienten die Anhörungen als Fortgeschrittenen-Kurs in Politikwissenschaften, amerikanischer Geschichte und aktuellen Ereignissen. Niemand hätte sich ein höheres Maß an Interesse oder eine höhere Aufnahmequote auf Seiten der Schüler wünschen können.

Ich erinnere mich, wie ich damals dachte: Wo sonst hätte das geschehen können? Während Schüler und Lehrer in Schulen und Colleges überall im Land an ihre Lehrbücher und den vorbestimmten Unterrichtsstoff gebunden waren, konnten wir uns einfach in die Geschichte vertiefen, die gerade geschah. An Sudbury Valley brauchen wir nicht drei oder vier Jahre zu warten, bis der Stoff seinen Weg in ein Lehrbuch findet – und bei den Schülern aus dem Brennpunkt des Interesses verschwunden ist.

Als die Anhörungen vorbei waren, kehrte das Leben zur Normalität zurück. Niemand schien zu wissen, was man mit dem Fernseher anstellen soll. Er stand, weitgehend ungenutzt, ein oder zwei Jahre herum. Eines Tag funktionierte er nicht mehr. Wir schafften keinen neuen an – bis zum Geisel-Drama im Iran.

School Corporations

Wenn Leute mit gemeinsamen Interessen zusammenkamen, suchten sie oft nach einem Weg, sich zu organisieren. Sie brauchten eine Art Struktur, um Kontinuität und Stabilität für ihre alltäglichen Abläufe zu erreichen. Wir suchten nach einem einfachen Weg, diesem Bedürfnis zu entsprechen. Andere Schulen decken spezielle Interessen durch Fachbereiche oder Clubs ab. Wir wollten das nicht. Irgendwie gefiel uns das Bild praktisch dauernd bestehender Fachbereiche mit neidisch beschützten Arbeitsbereichen nicht. Es paßte nicht zum freien Fließen von Lernen und Lehren an Sudbury Valley. In den frühen 60er Jahren hatte ich an einem der „Seven Sister Colleges" Physik gelehrt. Fünfzig Jahre zuvor muß dieses Fach ein wichtiger Teil des Colleges gewesen sein. In einem vierstöckigen Gebäude nahm Physik die Hälfte einer ganzen Etage ein! Zu der Zeit, als ich dorthin kam, belegten von den mehr als 1000 Schülern lediglich fünf einen Studiengang in Physik – und diese hatten fast alle ihre Kurse auf der anderen Seite der Straße, am kooperierenden Männer-College. Aber Physik belegte immer noch eine Flucht von nun hauptsächlich leerstehenden Räumen, zu einer Zeit, als der Platzbedarf so groß war, daß mehrere neue Gebäude errichtet werden mußten. Ich sah ähnliche Abnormitäten auch anderswo.

Nein, danke, bei uns keine Fachbereiche. Was dann? Wir kamen auf die Idee einer Neuschöpfung: die School Corporation. Sie wird durch das School Meeting zu einem bestimmten Zweck eingerichtet und erhält das Mandat, sich um ihre eigenen Ziele weitgehend selbst zu kümmern. Mit dem School Meeting hat sie nur dann wieder etwas zu tun, wenn sie Geld oder Hilfsmittel braucht. Jeder Interessierte kann bei der Corporation mitmachen. Sie regelt ihre eigenen Dinge selbst und wählt einen Geschäftsführer für die Verwaltungsaufgabe.

Die School Corporation wurde das offizielle Mittel, den Aufgabenkreis eines Fachbereichs abzudecken, aber sie hat einige neue Eigenschaften: Sie steht jedem offen, sie wird demokratisch geleitet und, wenn nicht länger benötigt, würdevoll aufgelöst.

Als die Idee der School Corporation gerade geboren und vom School Meeting genehmigt war, gab es einen Wirbel von Aktivität, da alle möglichen Gruppen, die Interessengebiete betreut hatten, beschlossen, sich einen offiziellen Status zu geben. Innerhalb weniger Monate entstand eine Corporation für Kunst und Vorrat an Material, eine für Skulpturen und Töpferei, eine für Musik, eine für Singen und andere für Lederarbeiten, Camping, Wandern, Chemie, Spielzimmer-Aktivitäten, Holzarbeiten, audio-visuelle Beschäftigungen, Fotografie usw. Wir gingen unseren Weg!

Zuerst dachten die Leute, daß Corporations es einfacher für sie machen würden, ihr Lieblingsprojekt finanziert zu bekommen. Geldanfragen von Einzelpersonen wurden immer einer quälenden Untersuchung durch das School Meeting unterzogen und oft als ungerechtfertigt abgelehnt. Viele dachten, eine Anfrage von etwas so eindrucksvoll Klingendem wie einer School Corporation hätte mehr Gewicht. Diese Auffassung war schnell aufgegeben. Die wenigen ersten Anfragen nach Geld erhielten die gleiche rauhe Behandlung, und die meisten schlugen fehl.

Nach einer Weile ordneten sich die Dinge, und die Leute gewöhnten sich daran, in Corporations zu arbeiten. Mehrere haben im Lauf der Jahre einen unberechenbaren Verlauf genommen. Die Audio-Video-Corporation erzeugte zu Anfang eine Menge Betriebsamkeit; viele Kinder interessierten sich für Filme, die Musik-Ausstattung und vor allem für die tragbare Videokamera, die die Schule geschenkt bekommen hatte. Mit der Zeit ließ das Interesse wieder nach. Jahrelang bestand die Corporation aus einer Person, die sich selbst zum Geschäftsführer wählte. Das war in Ordnung, da keine Mindestanzahl von Corporation-Mitgliedern verlangt wird. Aber es war äußerst schwer, beim School Meeting ernst zu bleiben, wenn die AV-Corporation einen Antrag einreichte; denn sie bestand aus nur einem einzigen Mitglied. Nach einer langen Trockenperiode begannen wieder einige, sich für Stereoanlagen zu interessieren, und diese Corporation wurde erneut ein Zentrum der Aktivität.

Manche Corporations haben viele tatkräftige Mitglieder, andere nur eins. Die Corporation für Lederarbeiten hatte in ihrer Glanzzeit etwa 15 Mitglieder; „Holzarbeiten" hat gewöhnlich ein halbes Dutzend oder mehr. Die Fotografie-Corporation schwankt, durchlebt Wellen von Interesse und Gleichgültigkeit. Die Koch-Corporation ist immer eine große aktive Gruppe.

Einige Corporations erledigen Verwaltungsaufgaben der Schule. Die Quellen-Corporation sucht externe Ausbilder, um bei Bedarf unser Lehrangebot zu ergänzen. Gelegentlich bleibt jemand, der auf diese Weise in die Schule gebracht wurde, und wird zum regulären Mitarbeiter. Die Bibliotheks-Corporation kümmert sich um die Bibliothek, die „Press Corporation" druckt und vertreibt die Publikationen der Schule.

Viele Corporations sind gestorben und beerdigt worden, als ihre Anhängerschaft nach und nach wegblieb. „Lederarbeiten" ging als erste ein. Die Spielzimmer-Corporation bestand einige Jahre und löste sich dann auf. Die Dungeons-und-Dragons-Corporation erlebte ihren Aufstieg und Fall zusammen mit einer der größten Moden an unserer Schule und erlosch dann. Die verschiedenen kunstbezogenen Corporations schlossen sich zu einer Corporation „Künste und Handwerk" zusammen.

Dann haben wir die Sport-Corporation, die regelmäßig stirbt und doch jedes Mal aus ihrer Asche wiedersteht. Angefangen hat sie mit einer großen Gruppe eifriger Athleten, die aber bald herausfand, daß es viel einfacher war, ein Spiel in Gang zu bekommen, als sich um die Ausstattung zu kümmern, einzukaufen, Inventur zu machen und was sonst noch anliegt. Auch sie machte den Abgang. Dann kam eine neue Generation, die dem School Meeting versprach, sie würden alles richtig machen. Diese Wiederbelebung hielt sich ein Jahr. Sport-Corporation II machte ebenfalls den Abgang. Ein paar Jahre später

kam eine neue Gruppe, die zweifellos, absolut und ganz gewiß
vorhatte, zusammenzuarbeiten und für die Sport-Ausrüstung
voll verantwortlich zu sein. Das School Meeting gab ihnen als
Investition etwas Geld, um neue Anschaffungen zu tätigen,
und wartete. Ein Jahr danach waren sie den Weg ihrer Vorläu-
fer gegangen. Derzeit arbeiten wir nun an Sport-Corporation
V – aber man soll die Hoffnung nie aufgeben. Vielleicht liegt
es an unserem großartigen Außengelände, daß den Schülern
Ordnung und Organisation lächerlich erscheinen.

Frei verfügbare Konten

Nicht alle Anschaffungen sind für Gruppen. Oft will jemand Sachen für sich persönlich kaufen. Wenn jemand kocht, Lederwaren herstellt, Filme entwickelt oder töpfert, muß er die notwendigen Materialien selbst bezahlen. Es begann in der Küche. Anfangs brachte jeder seine Zutaten selbst mit. Es dauerte nicht lange, um herauszufinden, daß das albern war. Es war eine Menge Arbeit, und irgend jemand vergaß immer irgend etwas. Also wurde der Einkauf jedesmal von einem für alle organisiert.

Das funktionierte sehr gut, was das Heranschaffen der Zutaten anging. Aber dann verlagerte sich das Problem auf das Geld. Statt die Zutaten zu vergessen, vergaßen manche ihr Geld. Und wenn sie es dabeihatten, wünschten wir oft, daß sie es vergessen hätten, weil wir uns dann mit Rechnungen und Wechselgeld beschäftigen und eine Menge Bargeld mitschleppen mußten.

Wir brauchten eine neue Idee.

Die Idee war ein „persönliches frei verfügbares Konto" für jeden Schüler und Lehrer. Wir entschieden uns, eine Mini-Bank einzurichten. Jeder bekam sein eigenes Konto, auf das er Geld einzahlen konnte – sagen wir, zehn Dollar auf einmal.

Dann fanden wir einen Lieferanten, der billige Quittungshefte verkaufte, die genau wie Schecks aussahen. Voilà! Die persönlichen Konten wurden Girokonten. Sie konnten in Anspruch genommen werden, indem man einen Scheck vorlegte. Einmal pro Woche wurden alle diese internen Schecks eingelöst, die Kontostände ausgeglichen. Damit bestand nicht länger das Bedürfnis, in der Schule Bargeld zu verwenden.

Unser erster Versuch war sogar ein bißchen anders. Wir begannen mit dem System, indem wir jedem jedes Jahr zehn Dollar auf sein Konto einzahlten. Wir sagten: „Dieses Geld ist für Bildungsmaterial, das ihr an der Schule kauft. Da wir nicht sehr viel kostenloses Material ausgeben, überweisen wir jedem Schüler zehn Dollar vom Schulgeld auf sein persönliches Konto. Diese könnt ihr für alle möglichen Dinge, die ihr während des Jahres braucht, verwenden. Wenn ihr mehr braucht, müßt ihr dies selbst einzahlen." Das klingt überzeugend. Das einzige Problem war, daß es nicht funktionierte. Bald bekamen wir eine Lektion in der Psychologie der Gratismahlzeit.

Sobald alle herausfanden, daß sie zehn Dollar ausgeben konnten, ohne bezahlen zu müssen, fingen sie an, Wege auszuklügeln, sie auszugeben. Kinder, die nie zuvor auch nur zehn Cent ausgegeben hatten, entwickelten plötzlich ein Interesse an allen möglichen Dingen, die Geld kosteten. Es wurde für dumm angesehen, das Geld bloß deshalb nicht auszugeben, weil einem nichts einfiel, für das man es ausgeben konnte.

In Übereinstimmung mit unserer Philosophie richtete die Schule keinen Mechanismus ein, diese Ausgaben genehmigen zu müssen. „Wenn es frei verfügbar ist, dann ist es genau das", sagten wir, „und die Leute müssen zu ihrer eigenen Einschätzung – und nur zu ihrer – kommen, um das zu entscheiden." Natürlich bekamen wir automatisch mit, was sie kauften. Die Bücher und Akten der Schule sind für alle offen.

Ich schätze, daß viele nervös wurden, als von dem Geld Rock-Platten gekauft wurden. Vielen von uns schien es, daß die Idee des Bildungsbedarfs einfach etwas übertrieben wurde. Bald darauf bemerkten wir, daß in den Einkaufslisten regelmäßig ein weiterer Artikel von Schulmaterial aufzutauchen begann: Pizza. Ich schätze, das war es dann wohl. Eine ziemlich große Mehrheit der School-Meeting-Mitglieder entschied, daß es nicht die Aufgabe der Schule sein sollte, den einzelnen Geschenke zu machen. Die Zehn-Dollar-Fundgrube wurde wieder abgeschafft.

Die frei verfügbaren Konten funktionieren reibungslos. Oft kaufen School Corporations Materialien in großen Mengen für den privaten Bedarf ihrer Mitglieder, den diese durch interne Schecks bezahlen. Auf diese Weise erhalten wir einerseits die

Preisvorteile und stellen andererseits sicher, daß alle Material-
vorräte vorhanden sind.

Und – ja, wir haben auch überzogene Konten! Hin und
wieder platzt ein Scheck. Genau wie in der Welt draußen.

Kochen

Der Duft von frischgebackenem Brot strömte durch die Schule. Nach und nach gingen Leute in die Küche und warteten darauf, daß das Brot aus dem Ofen kam. Ein paar Minuten später schnitt Margaret Parra dicke, warme Scheiben ab und verkaufte sie an alle Anwesenden. Der Erlös war für die Koch-Corporation. Butter war im Preis inbegriffen.

Es war ein Anblick, der sich im Laufe der Jahre oft wiederholte. Brote, Pizzen, Kuchen, Obstkuchen, Kekse, Biskuits und kompliziertere Speisen ergossen sich aus Margarets Füllhorn in dankbare Mägen.

Nicht jeder war auf der Empfänger-Seite. Es gab immer eine kleine Schar von Helfern, die die Arbeit machte. Manchmal baten sie Marge, mit ihnen etwas zu kochen oder zu backen, andere Male brachte Marge einen Zettel an, auf dem stand, daß sie am Dienstag dies und jenes kochen würde. Wer mitmachen wollte, sollte sich eintragen.

Was für ein Anblick! An einem Tag war es ein Haufen kleiner Kinder, Sieben-, Acht- oder Neunjährige. An einem anderen Tag eine Menge Teenager. Meist waren es Kinder jeden Alters, die da Seite an Seite arbeiteten. Es gab „coole" Kinder und „Langweiler", geschickte Kinder und „Trottel", erfahrene Kinder und Anfänger. Sie alle hatten den Wunsch, mit Margaret zu arbeiten, kochen zu lernen und noch viel mehr. Wenn sie die Zutaten bezahlten, konnten sie das Endprodukt mit nach Hause nehmen – Lasagne für ein Familienessen beispielsweise oder ein fantasievolles Dessert. Andernfalls übernahm der Rest der Schule das Aufessen, und das Konto der Koch-Corporation wurde ein bißchen dicker.

Margaret war in den ersten 16 Jahren der Schule, bis sie sich aus dem aktiven Dienst zurückzog, eine einzigartige Institution. Eine hervorragende Köchin und großartige Lehrerin, doch das wirklich Besondere war ihre Weisheit. Geboren und aufgewachsen auf einer Farm im Mittleren Westen, war sie als Frau eines Offiziers der US-Marine in den 30er und 40er

Jahren in der ganzen Welt herumgekommen, gewöhnlich ohne Hilfe, da die Marine damals nicht so hilfsbereit beim Umziehen war. Neben einem großen Schatz an Marine-Anekdoten und Fachkenntnis der Marine-Sprache hatte sie eine tiefe Menschenkenntnis erworben.

Die Kinder konnten nicht genug von ihr bekommen. Alle liebten Margaret. Die härtesten Teenager schätzten sie von ganzem Herzen als Freund. Sie rauchte und plauderte gleichberechtigt stundenlang mit ihnen. Margaret zögerte nie, ihnen etwas von ihrer Ansicht mitzuteilen, wenn diese Teenager ihrer Meinung nach besonders abwegige Meinungen äußerten, aber sie behandelte sie immer mit Respekt und akzeptierte die Verschiedenheit ihrer Meinungen. Sechsjährige wurden auf ziemlich die gleiche Weise behandelt – wie kleine Erwachsene. Wenn jemand von ihnen zum Saubermachen zu faul war, hörte er bald, wie Margarets dröhnende Stimme einige Gedankensplitter von sich gab, die ihn zur Besinnung brachten.

Für Margaret lag die Tauglichkeitsprüfung im Ausprobieren des Produkts, beim Kochen wie im sonstigen Leben. Und was für ein Essen das war! Sie schuf zahllose geniale Gerichte. Kochen ist immer eine der zentralen Aktivitäten der Schule gewesen, zu jeder Jahreszeit, jedes Jahr, vor allem, weil sich unter Margarets Anleitung eine Tradition der hohen Qualität, harten Arbeit und Kameradschaftlichkeit entwickelte.

Margaret duldete keinen Unsinn während der Arbeit. Jeder, unabhängig vom Alter, mußte seinen Teil beitragen. Jeder konnte Äpfel schälen, Zutaten abmessen, mixen, auf den Ofen achten, Geschirr spülen und die Tische abwischen. Jeder konnte helfen, Dinge hinzulegen oder wegzuräumen. Die Arbeit begann mit einer sauberen Küche und endete – unter ihrer Aufsicht – auch in einer solchen.

Mit Margaret als Vorbild haben auch andere Kochen gelehrt und gemeinsames Kochen organisiert. Schüler, denen die Koch-Corporation erlaubt, alleine zu arbeiten, machen oft – alleine oder in Gruppen – ihre eigenen Sachen. Andere im Kochen erfahrene Mitarbeiter treffen sich oft mit buntgemischten Gruppen. Manchmal findet über das Jahr eine

Serie von Kochkursen statt: Brotbacken, Chinesische Küche, Grundkurs Kochen, um ein paar zu nennen. Gelegentlich versuchen sich Mitarbeiter an exotischen Geschmacksrichtungen, manchmal sehr exotischen. Zum Beispiel Barbara. Sie ist ganzheitliche Ernährungswissenschaftlerin mit einer Schwäche für „naturbelassene" Kost – sehr, sehr viel „Natur". In ihrem Fall ist es nicht einfach ein Tick, nur gesunde Nahrung, Gartenpflanzen, zu essen. Ich meine, nicht nur gelegentlich eine Tasse Vollkorn-Weizenmehl oder einen Eßlöffel Honig dazugeben, und es „gesund" nennen. Barbara hält viel davon, nicht zu süßen (oder, bestenfalls, nur ganz selten), dafür aber viel von Vollkorn, frischer Ware und davon, so wenig wie möglich zu garen. Ich habe nie jemand anderen getroffen, der z.b. auf die Idee käme, einen ungesüßten Karottenkuchen nur aus Vollkorn-Roggenmehl herzustellen.

Barbara kommt wunderbar mit Menschen jeden Alters aus. Wenn Barbara also einen Zettel anbringt, daß sie an einem bestimmten Tag kocht, kommen immer einige Schüler. Sie mögen es, mit ihr zusammenzusein. Manchmal finden sie heraus, daß Kochen eine wirkliche Herausforderung ist. Wie an dem Tag, als ihre Mannschaft etwas produzierte, das wie Schokosplitter-Kekse *aussah*, sich aber als Roggen-Hafer-Sonnenblumenkern-Sojamehl-Johannisbrotkern-Kekse ohne Backpulver, Zucker oder Honig herausstellte und *ganz* sicher nicht wie Schokosplitter-Kekse schmeckte!

Jedes Jahr im Juni gibt es einen besonderen Tag, an dem mit der altmodischen Handkurbelmethode Eiskrem hergestellt wird. Die Tradition wurde, natürlich, von Margaret begründet, die als kleines Mädchen auf der Farm anfing, Eis herzustellen. Wenn die Zutaten für den Tag ausgepackt sind – reine Sahne, Nutzeis, Kristallsalz – baut sich schnell Spannung auf. Über Stunden wechseln sich die Kinder an der Maschine ab, die älteren gegen Ende, wenn das Kurbeln schwerer ist. Dann kommt die Eiskrem heraus. Bis 14.30 Uhr hat sich eine lange Schlange gebildet, die sich von der Küche durch das ganze Gebäude zieht. Nur wenig kann den Geschmack einer Kugel frisches

Eises mit allem Drum und Dran an einem heißen Sommertag übertreffen. Selbst das anschließende Saubermachen schmälert das Vergnügen keineswegs.

Altersmischung

Altersmischung ist Sudbury Valleys Geheimwaffe.

Ich konnte Alterstrennung nie auch nur ansatzweise verstehen. Die Menschen leben ihr Leben in der wirklichen Welt nicht nach Alter getrennt, Jahrgang von Jahrgang. Kinder haben nicht alle in einem bestimmten Alter die gleichen Interessen oder Fähigkeiten.

Jedenfalls fanden wir bald heraus, wie Kinder sich mischen, wenn sie nur auf sich selbst gestellt sind. Sie mischen sich einfach. Genau wie Erwachsene.

Als ich mein Sandwich-Zubereitungs-Seminar gab, hatte ich Zwölfjährige, 18jährige und alle Altersstufen dazwischen. Kochen läßt problemlos alle Grenzen verschwinden. Jahre später, als ich moderne Geschichte unterrichtete, saß der zehnjährige Adrian zusammen mit Jungen und Mädchen von bis zu 17 Jahren.

Das Prinzip ist immer dasselbe: Wenn jemand etwas tun will, tut er es. Was zählt, ist das Interesse. Wenn etwas auf einem Fortgeschrittenen-Niveau stattfindet, zählt Fertigkeit. Viele kleine Kinder sind in etlichen Dingen viel erfahrener als ältere.

Wenn die Fertigkeiten und das Lerntempo nicht bei allen gleich sind, ist das der Punkt, an dem der Spaß beginnt. Die Kinder helfen sich gegenseitig. Sie müssen es, andernfalls würde die Gruppe als Ganzes zurückfallen. Sie wollen es, weil sie nicht um Zensuren oder goldene Sterne (so etwas wie Fleißbienchen) konkurrieren. Sie mögen es, weil es unheimlich befriedigend ist, einem anderen zu helfen und darin erfolgreich zu sein.

Und es ist ungemein angenehm, das mit anzusehen. Überall, wohin man in der Schule sieht, begegnet man der Altersmischung.

Altersmischung hat eine emotionale Seite. Mutter oder Bruder zu spielen erfüllt für einen 16jährigen ein wirkliches Bedürfnis, wenn er am späten Nachmittag auf der Couch sitzt und in Ruhe einem sich ankuschelnden Sechsjährigen etwas vorliest. Und dem Sechsjährigen gibt es ein tiefes Gefühl von Behaglichkeit und Sicherheit in einer Welt, in der ihn die ganze Zeit sehr große Leute umgeben. Eine Zwölfjährige verspürt ein Selbstwertgefühl, wenn sie geduldig einem 16jährigen Anfänger die Funktionsweise eines Computers erklärt.

Und Altersmischung hat auch eine soziale Seite. Als die Kinder den ersten Schulball organisierten, hatte ich die Vision von einem Raum, an dessen Wänden sich verschüchterte Mauerblümchen herumdrücken. Projektion nennt man das. Mein erster Schulball war in der Junior High School; war das nicht bei jedem so? Die Lehrer stellten die Jungen auf die eine Seite des Raums, die Mädchen auf die andere, und von da an ging es abwärts.

Die Kinder überraschten uns alle. Jeder kam, alle tanzten zusammen. Paare mit zehn Jahren Altersunterschied waren genauso üblich wie welche, bei denen er nur ein Jahr betrug. Ein siebenjähriger Junge, der mit einem 15jährigen Mädchen tanzte, gewann den ersten Preis! Es war eine großartige, gute Zeit für alle. Mit den Jahren wurden die Jüngsten die Ältesten, aber das Muster blieb bestehen.

Die älteren Kinder dienen den jüngeren als Vorbilder, Ideale, manchmal gar Götter. Genauso oft dienen sie als abschreckende Beispiele. „Ich bin froh, daß ich mit den Teenagern herumhing, als ich sieben war", sagte uns unser Sohn Michael einmal im Alter von 18 Jahren. „Ich erfuhr, was ich nicht tun wollte, indem ich es mit ansah, deshalb mußte ich nicht meine Gesundheit und Jahre meines Lebens dafür verschwenden, mich selbst auszuprobieren."

Die jüngeren Kinder dienen den älteren als Familien-Modelle – in der Rolle als junge Geschwister oder eigene Kinder. Als Sharon mit vier Jahren auf unsere Schule kam, hatte sie gerade ihre Eltern verloren. Sie war in ihrem ersten Jahr jedermanns „eigenes Kind"; man hat ihr vorgelesen, man spielte mit ihr, unterhielt sich mit ihr, knuddelte sie. Wenn ehemalige Schüler mit ihren Babys oder Kleinkindern der Schule einen Tag einen Besuch abstatten, findet man Teenager oft stundenlang mit den Kleinen spielen.

Und es gibt eine Lern-Seite. Kinder lernen liebend gern von anderen Kindern. In erster Linie ist es oft einfacher; das Kind als Lehrer ist an den Schwierigkeiten des Schülers näher dran als der Erwachsene, da es selbst vor nicht allzu langer Zeit die gleichen Schwierigkeiten hatte. Die Erklärungen sind gewöhnlich einfacher und daher besser. Es gibt weniger Druck, weniger Beurteilung. Und es bietet einen starken Anreiz, zügig und gut zu lernen: dem Mentor gegenüber aufzuholen.

Kinder bringen auch sehr gern anderen etwas bei. Es gibt ihnen das Gefühl, einen Wert zu haben, das Gefühl von Fähigkeit. Wichtiger noch: Wenn sie anderen etwas beibringen, hilft ihnen das dabei, mit dem Stoff besser umgehen zu können; sie müssen sich Klarheit darüber verschaffen, es richtig verstehen. Also schlagen sie sich mit dem Stoff herum, bis er in ihrem eigenen Kopf glasklar ist, so klar, daß ihre Schüler ihn verstehen.

Die „Geheimwaffe" Altersmischung ist ein Knüller. Sie erhöht das Lern- und das Lehrvermögen an der Schule ungemein. Sie schafft eine menschliche Umgebung, die dynamisch ist und der Lebenswirklichkeit entspricht. Die Schule ist oft mit einem Dorf verglichen worden, in dem sich alle mischen, jeder lernt und lehrt, Vorbild ist, hilft und zankt – und seine Rolle im Leben spielt. Ich meine, das ist ein treffender Vergleich.

Auch Erwachsene können eine Menge von Kindern lernen. Ich glaube, es wurde nie besser beobachtet und beschrieben als von Hanna Greenberg in ihrem Artikel „Die Buche". Hier ist er:

Die Buche

An einem herrlichen Morgen im Herbst „sah" ich die Buche zum ersten Mal. Das scheint eine erstaunliche Aussage zu sein, wenn sie von jemanden stammt, der seit so vielen Jahren an der SVS ist – unglaublich, aber wahr. Wie jeder andere habe ich den Baum im Herbst gesehen, wenn seine Blätter sich rot färben und dann abfallen, wenn den ganzen Winter hindurch seine Äste seine prachtvolle Gestalt zeigen. Ich habe auch neues Wachstum im Frühjahr miterlebt, wenn die sprießenden Blätter dem Baum einen pinkfarbenen Lichthof verleihen und dann langsam ihre tiefgrüne Farbe annehmen. Ich habe auch eine Generation kleiner Kinder nach der anderen gesehen, wie sie lernten, auf den mächtigen Baum zu klettern, sich höher und höher zu wagen, manchmal seine Krone zu erreichen und stundenlang obenauf zu sitzen. Aber vor kurzem erst „sah" ich den Baum wirklich, verstand ihn wirklich. Da ich erwachsen bin, wußte ich nicht, wie ich den Baum wirklich kennenlernen sollte, bis es mir ein kleines Mädchen beibrachte. Das geschah so:

Eines Tages teilte mir Sharon mit strahlendem Gesicht mit (wie viele Kleine vor ihr), daß sie endlich in der Lage sei, ganz alleine in die Buche zu klettern. Sie sagte, Joyce habe ihr gezeigt, wie man das tut, sie wird es nun mir zeigen. Ich ging mit ihr hinaus, weil ich ihre Freude teilen wollte und es ein so großartiger Morgen mit leuchtenden Farben war. Üppiges Sonnenlicht schimmerte durch den Tau auf den roten und gelben Blättern. Sharon zeigte mir, wie sie kletterte, und kam wieder herunter. Dann sagte sie mir, ich solle dasselbe tun. Nun, ich hatte -zig Kindern hinauf- und noch vielen mehr heruntergeholfen, wenn sie das Gefühl hatten, daß sie festsaßen; aber ich hatte nie versucht, selbst auf den Baum zu steigen.

Sharon akzeptierte nicht ohne weiteres ein „Nein", und ich wußte, daß ich es tun mußte, wenn ich ihre Achtung nicht verlieren wollte. Sie zeigte mir sehr geduldig und verständlich, Schritt für Schritt, wie man hoch- und wie man hinunterklettert, und ich tat es, zum allerersten Mal.

Als ich auf der ersten Ebene ankam, war ich von der Schönheit dieser Aussichtsplattform beeindruckt. Ich vermag die mächtigen

*Äste, den gemütlichen Raum und die Gefühle von Ehrfurcht, die
mich überkamen, nicht zu beschreiben. Es genügt zu sagen, daß
mir klar wurde: Nun hatte ich den Baum zum ersten Mal „gesehen". Wir Erwachsenen halten uns für sachkundig, unsere Kinder
aber für bedürftig, zu lernen und unterrichtet zu werden; in
diesem Fall jedoch würde ich wetten, daß jedes Kind an der SVS
erstaunt wäre über unsere Unwissenheit und Unempfänglichkeit
gegenüber der Großartigkeit, die uns umgibt, die von uns ungese-
hen und unbeachtet bleibt. Sharon war eine gute Lehrerin, und
ich werde immer dankbar für das sein, was sie mir zeigte.*

Spielen

Tag für Tag, Monat für Monat nahm das Dorf vor unseren Augen Gestalt an. Ausgebreitet über einen großen Tisch aus dem Kunst-Raum schien das Modell aus Knetmasse fast real. Oft drängte sich ein Haufen von sechs oder mehr Kindern etliche Stunden um den Tisch, sie plauderten unablässig, während sie versuchten, en miniature perfekte Ebenbilder von allem, was ihnen einfiel, zu erschaffen. Pferde, Bäume, Autos, Trucks, Tiere, Zäune, Menschen – alles. Nicht einfach nur irgendwelche Imitationen, sondern detailgetreue Nachbauten. Es gab zum Beispiel einen vollständigen „Motor" unter der (abnehmbaren!) Motorhaube eines jeden Autos, von denen jedes problemlos in meine Hand paßte. Fingergroße Menschen trugen Kleidung und hatten Gesichtszüge. Dächer hatten Dachziegel, Wände Türen und Innenräume Tische und Stühle.

Alles wurde aus Knetmasse gemacht: gearbeitet, gerollt, modelliert und geformt. Es war ein großes Spiel. Und dieses Spiel dauerte mehr als zwei Jahre.

Niemand hätte auch nur angedeutet, diese Kinder im Alter von acht bis 14 Jahren (vorwiegend Jungen) würden etwa „Kunst machen". Diese Ansicht wäre für sie eine Beleidigung gewesen. Sie hatten keine Hilfe von Mitarbeitern erbeten, und es wurde auch keine geleistet. Für die Beteiligten war es ein Spiel. Ernsthaftes, konzentriertes Spiel, ein großes Vergnügen.

Jeder Generation an der Schule scheint es mit ihren „Clubs" ernst zu sein. Ein solcher Club beginnt gewöhnlich mit Neun- oder Zehnjährigen, die gelegentlich einen jüngeren Anhänger tolerieren, und besteht ein oder zwei Jahre. Es gibt einen Club und natürlich ein Clubhaus. Zuerst war das eine alte baufällige Hütte im Wald, bis sie zusammenfiel. Später war es ein Raum in den Ställen. Dann war es eine große Kammer im Hauptgebäude. Noch später, als der Zutritt aufgrund der Brandschutzbestimmungen verboten wurde, konnte das Clubhaus jedes beliebige „geheime" Gebiet sein, das umschlossen war, notfalls durch imaginäre Wände und Dächer. Die Einrichtung mußte hineingezaubert werden – ein alter Teppich vielleicht, ein Stuhl, ein Tisch. Rituale mußten erfunden, Verschwörungen und Pläne ausgebrütet, Spione lanciert und Wachen aufgestellt werden. Eine Welt der Intrigen wurde geschaffen, voller Verstrickungen. Die beteiligten Kinder waren immer beschäftigt, immer unheimlich stark konzentriert.

Spielen ist an der Schule eine ernsthafte Tätigkeit. Ich denke, Spielen ist für Kinder immer ernsthaft, genauso wie für Erwachsene, die das Spielen nicht verlernt haben. Professionelle Pädagogen beunruhigt das Spielen oftmals, vor allem weil Kinder dem Spielen weit mehr Kraft und Verstand widmen als den Schulaufgaben. Um die Sache etwas akzeptabler zu machen, schreiben Bildungspsychologen gelegentlich über den Wert des Spielens beim „Lernen" – zum Beispiel beim Erlernen der motorischen Fertigkeiten, des kreativen Problemlösens oder etwas anderem, das eine legitim klingende Bezeichnung trägt.

Tatsache ist, Spielen ist ein großer Teil des Lebens an Sudbury Valley. Und es ist hier einer der wichtigsten Faktoren des Lernens. Aber man lernt etwas ganz anderes, als man annehmen würde. Was man lernt, ist die Fähigkeit, sich zu konzentrieren und die Aufmerksamkeit gezielt auf die vorliegende Aufgabe zu richten, ohne Rücksicht auf Einschränkungen – keine Ermüdung, keine Hektik, kein Bedarf, einen wichtigen Gedanken mittendrin beiseite zu schieben und etwas anderes zu tun. *Diese* Lektion behalten sie ein Leben lang.

Die meisten Kinder an der Schule, vor allem die jüngeren, sind den ganzen Tag über zu sehr mit Spielen beschäftigt, um zu essen oder sich auszuruhen. Am späten Nachmittag sind sie bereit für eine riesige Mahlzeit und eine gute Nachtruhe. Sie haben lange und hart gearbeitet.

So entwickelt wie das Spielen ist, so (und das ist noch untertrieben) preiswert sind die benötigten Hilfsmittel und Materialien dafür.

Als wir uns auf die Eröffnung der Schule vorbereiteten, verbrachten wir viele Stunden damit, unser geringes Budget für alle möglichen „notwendigen" Spielausrüstungen, vor allem für kleine Kinder, einzuteilen. Wir begannen mit der gewöhnlichen Sammlung von Dingen, das man in Kinderkrippen, Kindergärten und Horten finden kann.

Als das erste Jahr verging, sahen wir ungläubig, daß die Ausstattung beinahe gänzlich unbenutzt herumlag. Und von dem, was Verwendung fand, wurde vieles für völlig andere als die vorgesehenen Zwecke benutzt.

Die Materialien, die die Kinder vorrangig verwenden, sind die Stühle, die Tische, die Räume, die Schränke und das Außengelände mit seinen Wäldern und Büschen, Felsen und geheimen Ecken. Ihr Hauptwerkzeug ist ihre Vorstellungskraft.

Nachdem es zwölf Jahre herumgelegen hatte und gelegentliche Spenden hinzugekommen waren, wurden etwa drei Viertel des Spielzeugs in Kisten gepackt und auf dem Dachboden verstaut. Da liegt es nun. Der Boden ist trocken. Es wird also dort oben wahrscheinlich lange Zeit erhalten bleiben.

Es gibt ein paar Ausnahmen. Ältere Kinder spielen Brettspiele, die sie von zu Hause mitbringen: „Monopoly" mehrere Tage hindurch; „Risiko", eine Mode, die vier Jahre dauerte und die Spieler zu Geografen und Militärstrategen machte; und natürlich „Dungeons & Dragons" mit der erlesenen Sammlung sorgfältig zusammengesammelten Zubehörs, das jedem Spieler privat gehört. „D & D" ist, schätze ich, für Außenstehende tolerierbarer als die meisten anderen Spiele, da die Spieler dabei bestimmte Dinge „lernen" – über das Leben im Mittelalter zum Beispiel.

Wir hier nehmen das Spielen ernst. Wir würden nicht im Traum auf die Idee kommen, in das Spiel einzugreifen. Also gedeiht es in allen Altersgruppen. Und die Graduierten, die die Schule verlassen, gehen hinaus in die Welt und wissen, wie sie – was auch immer sie tun – alles geben, und sich noch immer erinnern, wie man lacht und das Leben, was es auch bringt, genießt.

Die Bibliothek

Ich dachte, wir würden wegen gelber Klebestreifen aufeinander losgehen.

Es war nicht das erste längere Treffen, das wir veranstalteten, um die Schulbibliothek zu organisieren. Paula, die unsere Bibliothekarin werden sollte, verfocht ihre Sache mit Leidenschaft.

„Bücher für die jüngsten Kinder müssen gekennzeichnet werden. Sie sollten ein gelbes Klebeband haben, damit sie leicht zu finden sind." Paula war eine erfahrene Bibliothekarin in einer öffentlichen Schule. Und sie dachte, sie könnte bei uns einmal ein bißchen etwas anderes versuchen. Aber alte Bräuche sind schwer abzuschaffen.

„Wofür brauchen wir das?" hörte ich nicht auf zu fragen. „Haben wir Angst, daß die Kinder aus Versehen zu einem Erwachsenenbuch greifen?"

Die Auseinandersetzung tobte. Paula hatte Angst, die Kinder würden entmutigt, wenn sie versehentlich zu einem Buch griffen, das sie zu schwierig finden. Ihrer Meinung nach war die Erwachsenenwelt für Kinder schrecklich, und die Schule mußte sie vor frustrierenden oder schmerzhaften Begegnungen mit ihr schützen.

Für die meisten von uns war das gelbe Klebeband nur ein weiteres Symbol, wie Erwachsene Kinder gängeln, ein weiteres Beispiel dafür, wie Erwachsene die wilde Entschlossenheit in jedem Kind, die wirkliche Welt zu meistern und zu erobern, mißdeuten.

Nach Monaten harter, hochtrabender Diskussion wurde schließlich abgestimmt. Das gelbe Etikett war abgewehrt. Bald darauf dankte Paula ab – bevor die Schule überhaupt öffnete. Sie hat die Bibliothek nie in Aktion erlebt.

Nun, eigentlich nicht „in Aktion". Mehr etwas wie „in Inaktion". Für uns war die Vorstellung von einer Bibliothek ziemlich einfach: sie ist eine große passive Ressource, ein Reservoir an Weisheit, in das jeder eintauchen kann, wenn er wissensdurstig ist. (Was sonst nur gern verwendete Phrasen sind, trifft in unserem Fall genau den Kern.)

Was uns an allen Schulbibliotheken, die wir bisher besichtigt hatten, Bauchschmerzen bereitete, war ihre Sterilität. Vor allem wollten wir nicht, daß Bücher in einem getrennten Raum· oder Gebäudeflügel, der „Bibliothek" heißt, untergebracht wären. Das hatte so einen Klang wie „Leichenschauhaus": ein abgesonderter Ort, wo alle still sein und flüstern müssen, wo sich die Leute unter den oft glasigen Augen des Bibliothekars vorsichtig und ein bißchen ängstlich bewegen. Wir wollten die Bücher überall haben, gemütlich, bequem, einfach zu erreichen, bereit für gelegentliches Schmökern, statt nur „mitgenommen" zu werden.

Wir wollten, daß Kinder die Bücher aus den Regalen nehmen. Viele Bücher. Wir hatten keine Angst, daß die Bibliothek durcheinandergebracht wird.

Am meisten wollten wir viele gute Bücher. Bücher, die die Leute mögen und um die sie sich kümmern.

Dafür brauchten wir eine neue Art der Beschaffung. Die übliche Methode schien einfach nicht richtig. Wir konnten nie ganz verstehen, daß jemand, dessen Interesse nur Büchern als solchen galt, wüßte, wie man die wirklich interessanten findet, die über jedes einzelne Wissensgebiet geschrieben wurden. Wir wollten, daß die Leute, die das jeweilige Gebiet lieben, dessen Prachtstücke vorfinden.

So wurde es gemacht. Es war wirklich ziemlich einfach und sehr preiswert. Wir baten die Leute, uns Teile ihrer persönlichen Bibliotheken zu schenken. Das waren Bücher, die jeder einzelne im Laufe der Jahre ausgewählt hatte, weil er sie mochte, da sie interessant, nützlich und besonders waren. Die Sudbury-Valley-Bibliothek wurde (und wird noch immer) von einem Heer von „Experten" aufgebaut.

Natürlich sind nicht alle Bücher gut. Sind sie das in irgendeiner Bibliothek? Nimmt man ein Buch heraus, irgendeines, kann man schnell eine Diskussion über seine Vorzüge in Gang bringen, die genauso hitzig ist wie unsere über die gelben Klebebänder. Aber wenigstens wurden die Bücher, die wir haben, von den Leuten, die sie ausgewählt haben, gelesen und geschätzt.

Bald war das Schulgebäude mit Büchern gefüllt. Jahr für Jahr bekam ein Raum nach dem anderen neue Regale, um alle Neuanschaffungen unterzubringen.

Tatsächlich ertranken wir manchmal fast in einem Meer von Büchern. Dann veranstalteten wir Buchverkäufe.

Manchmal bekommen wir Bücherspenden, die einfach ein bißchen zu viel sind, Sammlungen, die ein wenig zu speziell sind. Wie die komplette Sammlung der Allgemeinen Gesetze von Massachusetts mit umfassenden Kommentaren. Mit oder ohne gelbe Klebestreifen, dies war kaum Material zum Schmökern (oder auch nur für angestrengtes Durchlesen) für irgendeinen von uns. Oder mehrere wunderschöne Reihen wissenschaftlich-technischer Journale. Wir müssen einen Weg finden, solche Stücke loszuwerden, gewöhnlich, indem wir sie verkaufen oder verschenken. Größtenteils aber stellen wir das, was wir bekommen, in unsere Regale. Und die Kinder schmökern.

Natürlich kaufen wir auch manchmal Bücher, wenn jemand Titel benötigt, die wir nicht haben. Sie erfordern dann eine Sonderanschaffung.

Mitte der 70er Jahre bekamen wir eines Tages einen Brief vom Bildungsministerium. Darin lag ein Scheck. Es stellte sich heraus, daß Vater Staat in einem seiner vielen großzügigen Versuche, Bildung zu unterstützen, entschieden hatte, Geld an die Schulen überall im Land zu verteilen, damit sie Bücher kaufen. Ich schätze, der Congress dachte, Bücher seien eine gute Sache und Schulen würden besser, wenn sie über mehr Bücher verfügten. Ich bin mir sicher, daß die Verlage nichts gegen diese Idee einzuwenden hatten.

Jedenfalls war dies unser Manna vom Himmel, ob wir es brauchten oder nicht. Zuerst tendierten wir eher dazu, es zurückzuschicken, aber das machte keinen Sinn. „Einem geschenkten

Gaul …" Also benutzten wir es, um dem School Meeting zu helfen, Sonderausgaben für Bücher zu bewilligen. Präsidenten kommen und gehen. Die Politik wendet sich mal mehr nach links, mal mehr nach rechts, vor und zurück. Die Schecks aber kommen weiterhin.

Und was wurde aus dem gelben Klebeband?

Nun, wir machten es schließlich so: Bücher, die sich ausdrücklich an die jüngsten Kinder wenden, werden nicht im abgelegensten Raum im obersten Regal aufgestellt, sondern gut erreichbar, damit sie keine Feuerwehrleiter brauchen.

Aber es gibt keine Klebestreifen. Keine Chance, daß jemand ein kleines Kind sieht, das ein unbeklebtes Buch liest, und ihm ernsthaft sagt: „Was willst du denn *damit*, junger Mann!"

Und keine Gefahr, daß ein älterer Schüler, der einen Blick in ein nettes „Kinderbuch" wirft, durch ein verräterisches Klebeband auf dem Buchrücken in Verlegenheit gebracht wird.

Zeit genug

Es gibt keine Klingelzeichen an Sudbury Valley. Keine „Unterrichtsstunden".

Die Zeit, die jemand mit irgendeiner Aktivität verbringt, geht immer von ihm selber aus. Es ist immer genau die Menge Zeit, die er will und braucht. Es ist immer die richtige Menge Zeit. Die Schule macht morgens um 8.30 Uhr auf und schließt um 5 Uhr nachmittags. Es ist nicht ungewöhnlich, wenn jemand um 9 Uhr in die Dunkelkammer geht, über der Arbeit die Zeit vergißt und um 16 Uhr, wenn die Arbeit getan ist, wieder herauskommt.

Jakob setzt sich vor die Töpferscheibe, er ist 13 Jahre alt. Es ist 10.30 Uhr. Er macht sich bereit und beginnt zu töpfern. Eine Stunde vergeht. Zwei Stunden. Um ihn herum brodelt es vor Geschäftigkeit. Seine Freunde beginnen ein Fußballspiel – ohne ihn. Drei Stunden vergehen. Um 14.15 Uhr erhebt er sich vom Töpfern. Heute kann er keine Erfolge vorzeigen. Kein einziger Krug stellte ihn zufrieden.

Am nächsten Tag versucht er es wieder. Diesmal steht er um 13 Uhr wieder auf, nachdem er drei Probeexemplare fertiggestellt hat, die ihm gefallen.

Thomas und Nathan, 11 Jahre alt, beginnen um 9 Uhr eine Runde „Dungeons & Dragons" zu spielen. Um 17 Uhr ist sie noch nicht zu Ende. Auch nicht um 17 Uhr des nächsten Tages. Am dritten Tag, um 14 Uhr schaffen sie es, das Spiel zu beenden.

Shirley, neun, macht es sich auf einem Stuhl gemütlich und beginnt, ein Buch zu lesen. Sie liest zu Hause weiter und die nächsten drei Tage, bis sie damit fertig ist.

Zwei Sechsjährige, Cindy und Sharon, machen sich zu einer Wanderung in den Wald auf. Es ist ein schöner Frühlingstag. Sie bleiben vier Stunden weg.

Dan wirft eines Herbstmorgens zum ersten Mal die Angel in den Teich aus. Drei Jahre später geht er immer noch regelmäßig zum Angeln.

Zeit ist an Sudbury Valley keine Ware. Sie wird nicht „genutzt"– weder gut noch schlecht. Sie wird nicht „verschwendet" oder „gespart".

Zeit ist hier ein Maß für den inneren Lebensrhythmus, in all seiner Komplexität. Wenn sich die Ereignisse entwickeln, verstreicht dabei die für sie angemessene Zeit.

Es gibt keine Mittagessens-Zeit, beziehungsweise jede Zeit ist Mittagessens-Zeit, wenn man Hunger hat. 10.30 Uhr, 12 Uhr, 14.30 Uhr oder 17 Uhr. Winnie Pooh hatte eine Wanduhr, die schon vor langem bei 11 Uhr stehengeblieben war. Für ihn, ständig hungrig, war 11 Uhr immer die „Zeit für etwas Kleines", und jede Zeit konnte 11 Uhr sein.

Ich habe an der Schule Jahr für Jahr gesehen, wie das Wachstum jedes einzelnen Kindes nach seinem eigenen Zeitmaß verlief. Ich sah, wie Kinder einen Sprung nach vorne machten und dann scheinbar eine Ewigkeit unbeweglich an der gleichen Stelle blieben. Ich sah, wie manche träumten und dann ganz langsam wieder zurück auf die Erde kamen.

Wenn Schüler mehr Zeit brauchen, als unsere Arbeitszeiten hergeben, bekommen sie Schlüssel für die Schule. Einige kommen früh, einige bleiben lange, einige kommen in den Ferien und an den Wochenenden.

Der Respekt, den die Schule dem persönlichen Rhythmus gegenüber zeigt, ist unantastbar. Er garantiert, daß „früher oder später" jeder mit seinem inneren Selbst in Berührung kommt.

Schüler sind sich dieses Respekts vor privater Zeit durchaus bewußt. Sie fangen an, sich darauf zu verlassen und ihn zu schätzen. Wie oft habe ich einen älteren Teenager sagen hören: „Mehr als alles andere hat die Schule mir die Zeit gegeben, mich selbst zu finden."

Intensive Konzentration führt dazu, daß man das Gefühl für Zeit völlig verliert. Ich war sehr beeindruckt, als ich das erste Mal über das Verhalten Wilhelm Röntgens las, als er durch Zufall die geheimnisvollen durchdringenden Strahlen entdeckte, die er bald X-Strahlen nannte. Überwältigt von Aufregung und leidenschaftlicher Neugier schloß sich dieser bis dahin langweilige und unscheinbare Physiker in sein Labor ein, ließ seine Mahlzeiten vor der Tür stehen und kam sieben Tage später mit seinem dann in aller Welt Beachtung findenden Bericht wieder heraus.

Zum Bild des kreativen Genies gehören in unseren Geschichten und Legenden immer vollkommene Konzentration und äußerste Gleichgültigkeit gegenüber der Zeit. Mit Bewunderung sagen wir: „Das ist etwas für Genies." Wir sind alle auf unsere eigene Art schöpferische Genies. Wir alle haben in uns das gleiche Potential, uns leidenschaftlich in unsere Aufgaben zu vertiefen, das gleiche Bedürfnis, die Uhren der Außenwelt nicht zu beachten und den Blick auf unsere innere Uhr zu richten.

Die öffentliche Zeit an der Schule ist genauso pünktlich, wie die private ungebunden ist. Das ist alles eine Frage des Respekts. Wenn mehrere Personen eine Abmachung treffen, an einem vereinbarten Ort zu einem vereinbarten Zeitpunkt etwas zusammen zu tun, verlangt die Höflichkeit, daß sie ihre Verpflichtungen einhalten. Sie müssen ihre Zeiten synchronisieren, eine gemeinsame Zeit für die Gruppe festlegen.

School Meetings beginnen jeden Donnerstag exakt um 13 Uhr. Komm nicht, wenn du nicht dort sein willst, aber sei pünktlich, wenn du es doch willst. Unterrichtsgruppen treffen sich pünktlich zu der vereinbarten Zeit, oder sie treffen sich gar nicht. Ausflugsgruppen gehen genau zur vereinbarten Zeit los, oder sie bleiben in der Schule. Wenn jemand zu spät kommt, wird er zurückgelassen. Es ist kein Platz für einen privaten Rhythmus, wenn eine Abmachung mit anderen getroffen wurde.

Das Gefühl von Zeitlosigkeit an der Schule ist ein Hauptgrund, warum sich die verschiedenen Altersgruppen so gut mischen. Es erscheint einfach als so irrelevant, sich darüber Gedanken zu machen, wie viele Tage oder Jahre vergangen sind, seit jemand geboren wurde. Sechsjährige, Teenager, Graduierte, Lehrer und Eltern gehen unbefangen und offen miteinander um, wobei das Alter überhaupt keine Rolle spielt. Man erzählt, daß der legendäre Wissenschaftler Niels Bohr einen Kollegen nach zehn Jahren Trennung treffen und das Gespräch, das sie bei ihrer letzten Begegnung hatten, zusammenfassen konnte. An Sudbury Valley ist diese Legende ganz gewöhnliche Realität.

An Sudbury Valley hat jeder Zeit.

Lernen

Sudbury Valley lehrte uns eines in ganz besonderem Maß: Bescheidenheit. Jeden Tag sind wir mit unserer Ignoranz konfrontiert, schlagen uns mit ihr herum und zollen ihr Respekt. Es fing alles mit dem Lernen über das Lernen an. Als wir uns vor vielen Jahren erstmals in den Bildungsbereich begaben, dachten wir, daß wir etwas darüber wüßten, wie Menschen lernen.

Ich erinnere mich deutlich an meine frühen Lehr-Erfahrungen am College. Ich beherrschte mein Fachgebiet, und ich hatte Bücher über Pädagogik, Psychologie und Entwicklung gelesen. Ich war auf dem Dach der Welt – so „wissend", so fähig, meinen Schülern so viel zu geben …

Die Realität kam in kleinen Dosen. Zuerst fand ich heraus, daß all diese eifrigen, glücklich aussehenden Gesichter, die vor mir saßen, massive Langeweile und Gleichgültigkeit verbargen. Dann fand ich heraus, daß sie das meiste von dem, was ich sagte, nicht verstanden. „Hier ist ein wichtiger Punkt", sagte ich im Ton majestätischen Nachdrucks, „und er bietet eine Einsicht, die das Lehrbuch nicht bietet." Leider half es nicht. Als die Prüfungsblätter zurückkamen, war alles, was ich da sah, die Lehrbuchversion, penibel auswendig gelernt.

Ich versuchte es mit noch mehr Lesen. Aber ich wurde nicht erfolgreicher. Ich fand heraus, daß meine Kollegen alle mit dem gleichen Problem kämpften, sofern sie sich überhaupt Gedanken machten. Langsam dämmerte mir, daß Schüler einfach nicht lernen, was sie nicht lernen wollen, egal, wie sehr ich vor ihnen herumspringe, sie zu überreden versuche oder sie bedrohe. Dann entdeckte ich die schreckliche Wahrheit: Daß wir tatsächlich nicht wissen, wie Menschen überhaupt lernen, egal ob sie sich nun für das, was sie lernen, interessieren oder nicht.

Manchmal habe ich das Gefühl, daß die Schulen um uns herum das weltgrößte Beispiel für das Märchen von des Kaisers neuen Kleidern sind. Jahr für Jahr bezeichnen sie sich weiterhin als Lieferanten von Wissen, Anbieter von Bildung. Wenn alles andere versagt, wird, als Pflaster auf die Wunde, Geld bereitgestellt.

Aber das ändert nichts. Kinder lernen, was sie lernen, wann sie wollen und wie sie es wollen, ungeachtet all unserer Anstrengungen.

An Sudbury Valley sehe ich diese Wahrheit die ganze Zeit bestätigt. Ich bin nie in der Lage gewesen, das Geheimnis zu entschlüsseln, wie sie es wirklich tun.

Als Schule reden wir niemandem ein, wir wüßten Dinge, die wir eigentlich nicht wissen. Unsere Rolle ist die, in Bereitschaft zu sein, während die Kinder, jedes einzelne, ihre eigenen, verschiedenen Wege gehen. Wir helfen, wenn wir gefragt werden. Wenn wir nicht gefragt werden, stehen wir beiseite.

Und welche Vielfalt wir in diesen ihren bewundernswerten Köpfen finden! Piaget, gräme dich! „Stadien des Lernens?" „Allgemeingültige Schritte beim Verstehen?" „Allgemeine Muster in der Aneignung von Wissen?" – Alles Nonsens!

Nie nehmen zwei Kinder denselben Weg. Wenige sind einander auch nur entfernt ähnlich. Jedes Kind ist so einzigartig, so außergewöhnlich, daß wir ihm in ehrfürchtigem Staunen zusehen und uns ganz unbedeutend fühlen.

Die Kinder lernen alle, die ganze Zeit über. Ihr größter Lehrer ist das Leben. Die Bakkalaurei, Magister und Doktoren der Philosophie unter unseren Mitarbeitern sind Nebendarsteller.

Die Kinder nutzen andere Kinder, Bücher, Werkzeuge und Erwachsene, wie sie selbst es für angebracht halten. Ihr Hauptwerkzeug ist ihre Kreativität, die sie dazu treibt, Dinge herauszufinden, zu beherrschen und verstehen zu lernen.

Sie lernen, die Welt zu sehen, weil sie aufmerksam sind und weil sie sich in ihr befinden. Sie sitzen nicht den ganzen Tag in Räumen eingeschlossen.

Sie lernen, mit Menschen umzugehen, weil sie mit Menschen – jeden Alters – zusammen sind, den ganzen Tag lang.

Sie lernen, Probleme zu lösen, weil sie es müssen. „The buck stops here", stand auf dem Schild auf Präsident Trumans

Schreibtisch, und „hier" heißt bei jedem Schüler selbst. Es gibt niemand anderen, der ihnen aus der Patsche hilft.

Den Kindern zuzusehen lehrt mich jeden Tag etwas Neues. Denk z.B. einmal über das hier nach. Man sagt: „Laß Kindern die Freiheit, sich ihre Aktivitäten selbst auszusuchen, und sie werden immer den Weg des geringsten Widerstands wählen. Sie werden nie die Charakterstärke entwickeln, schwierige Lagen zu meistern." Wenn mir das jemand sagt, frage ich mich immer selbst (und manchmal auch laut denjenigen): „Was für Kinder hast du in letzter Zeit denn gesehen?"

Das ist überhaupt nicht das, was sich *im Leben* abspielt. Meistens entscheiden sich Kinder für den Weg des größten Widerstands. Nein, das war kein Schreibfehler. Ich schrieb „den Weg des größten Widerstands", und ich meinte das auch so.

Ich weiß nicht wirklich, warum dies geschieht, aber ich sehe, daß es ständig geschieht. Es ist, als ob Kinder ihre Schwachstellen als Herausforderung sehen, die einfach bewältigt werden muß.

Also treibt das ungeschickte Kind den ganzen Tag lang Sport. Das Kind, das Angst vor Mathe hat, beschäftigt sich mit Arithmetik und Algebra. Das einsame versucht, sich unter die anderen zu mischen, das gesellige lernt, allein zu sein. Jede Geschichte ist ein Epos monumentalen Kampfes und unerschütterlicher Entschlossenheit.

Und dann ist da die Sache mit der Vielseitigkeit. „Man muß sie zwingen, ein wenig von vielen Dingen zu lernen. Kinder müssen in der Schule mit einer Vielfalt von Themen in Kontakt kommen. Wenn man sie einfach machen läßt, können sie zu einseitig werden."

Nicht ein einziger Aspekt dieser Beschwerde hat für mich jemals Sinn gemacht. Als erstes ist da die darin enthaltene Arroganz: Als ob Du oder ich oder irgendein Expertengremium aus dem riesigen Ozean des menschlichen Wissens die richtige Kombination von Tropfen auswählen könnten, die jeder unbedingt aufsaugen muß. Dann gibt es da die Naivität: Als ob Kinder heutzutage in diesem Land, im Zeitalter der Multi-Media-Offensive nicht Tag und Nacht mehr Dingen ausgesetzt wären, als wir uns vorstellen können. Genau die gleichen Leute, die sich über Einseitigkeit beschweren, klagen am nächsten Tag darüber, daß Kinder zu vielen Einflüssen ausgeliefert seien und unter Reizüberflutung litten. Und schließlich ist da die Annahme, es sei schlecht, sich auf ein Gebiet zu beschränken. Schlecht für wen? Für Mozart? Für Einstein? Für Wilbur und Orville Wright? Unsere größten Nationalhelden werden für ihre einseitige Hingabe an die eine oder andere Sache gelobt. Ist das Vielseitigkeit?

Wichtig bei allem ist die Bescheidenheit. Der Klügste von uns ist nur ein kleines bißchen weniger dumm als der Dümmste von uns. Laß Kinder in Ruhe. Sie werden alles lernen, was sie brauchen – und mehr, wenn wir ihnen nicht dazwischengehen, solange sie uns nicht darum bitten und es uns erlauben.

Beurteilung

Eines Tages spielte ich mit einem Sechsjährigen Baseball-Fangen. Jedes Mal, wenn er warf, und jedes Mal, wenn er versuchte zu fangen, „ermutigte" ich ihn: „Gute Arbeit!" „Großartiger Versuch!" Plötzlich warf er wütend den Ball auf mich und rief: „Ich will nicht mehr mit dir spielen. Du lügst. Ich habe schrecklich geworfen, es war überhaupt nicht gut, und du bist ein großer Schwindler." Natürlich hatte er recht. Und ich hatte unrecht. Das war eine weitere wertvolle Lektion für mich an der Schule.

Es gibt keine Zensuren an Sudbury Valley. Die Schüler entscheiden selbst, wie sie ihre Fortschritte messen. Größtenteils legen sie strenge Maßstäbe an ihre eigene Arbeit an, messen sie an den besten Vorbildern, die sie in der „Außenwelt" finden können.

Mathe-Schüler wissen, wann sie Multiplikation, Division und jede andere Rechenart beherrschen: Entweder es gelingt, die Aufgaben zu lösen – oder nicht. Wenn sie etwas nicht verstehen können, finden sie es entweder heraus oder bitten jemanden um Hilfe, bis sie wissen, daß sie es können. Ein Kind, das Autos reparieren lernt, erkennt schnell, daß es einiges reparieren kann, anderes aber nicht. Je mehr es reparieren kann, ein um so besserer Mechaniker wird es; aber es braucht niemanden von außen, der ihm sagt, was es noch nicht kann.

So ist das bei allem. Der Töpfer hat schon einmal Töpferware gesehen und der Maler Bilder, der Autor Bücher gelesen, der Schauspieler Theaterstücke gesehen, der Musiker Konzerte oder Platten gehört. Sie haben alle ein Maß für Perfektion im Kopf, und jeder kann ohne Illusionen sich selbst Ziele setzen.

Oft ist der Prozeß der an Perfektion orientierten Selbstbewertung schmerzhaft frustrierend. Arbeit von Tagen und Wochen wandern in den Papierkorb, wenn ihre Macher Unzulänglichkeiten darin sehen. „Warum zerreißt du dieses schöne Bild?"

habe ich mehr als einen Schüler gefragt. „Weil es häßlich ist", kommt die unvermeidliche Entgegnung.

Die Frustration kann zu Wut führen, zu fürchterlich schlechten Stimmungen und zu Selbstbestrafung. Es nützt nichts, wenn jemand sagt: „Aber du bist gut für dein Alter und für dein Leistungsniveau." Das ist kein Trost. Die Kinder haben, bevor sie begannen, entschieden, welche Perfektion sie erreichen wollen, und die Worte klingen dann hohl und falsch.

Hin und wieder führt die durch gnadenlose Selbstbewertung verursachte Frustration dazu, daß Kinder ihre Unternehmen aufgeben. In den meisten Fällen aber fangen sie von vorn an und versuchen es nochmals und nochmals und nochmals mit schrecklich eingleisiger Entschlossenheit, bis schließlich sie zum Lehrer kommen und sagen: „Das hier ist ein gutes Stück Arbeit."

Gelegentlich suchen Kinder Kritik von außen, um ihre Arbeit perfektionieren zu helfen. Sie suchen einen Kritiker und verlangen Ehrlichkeit und Kompetenz. So ist das in jeder Ausbildung: Der Lehrling verlangt im Grunde vom Ausbilder Schulung und ständige Kritik.

Es hängt alles vom Kind und vom Thema ab. Viele kamen zu mir und fragten: „Könntest du meinen Text durchgehen und mir helfen, ihn zu verbessern?" Die Kinder, die mich das fragen, können lesen und sind klug, aber sie bekommen einfach nicht heraus, was sie falsch gemacht haben.

Wenn sie mich fragen, freue ich mich, ihnen einen Gefallen tun zu können. Und ich lasse sie in Ruhe, wenn sie mir sagen, daß sie mich nicht mehr benötigen, wenn sie bekommen haben, was sie wollen. Jeder Mitarbeiter an der Schule macht das so. Es ist Bestandteil der Schule.

Im Mittelpunkt von Sudbury Valley steht der Grundsatz, daß wir niemanden bewerten. Wir vergleichen sie nicht miteinander oder mit irgendeinem Standard, den wir gesetzt haben. Für uns würde das eine Verletzung der Rechte der Schüler auf Privatsphäre und Selbstbestimmung darstellen.

Die Schule ist kein Richter. Wenn Schüler jemanden bitten, ihnen ein Empfehlungsschreiben zu geben, ist das eine persönliche Angelegenheit zwischen den Beteiligten. Wenn derjenige einverstanden ist, einen solchen Brief zu schreiben, dann auf persönlichem Briefpapier, nicht dem der Schule. Nach Meinung von Sudbury Valley ist jeder „o.k.".

Dieser Grundsatz hat ein paar lustige Probleme geschaffen, und das tut er manchmal immer noch. Immer wieder fragen Standard-Bewerbungsbögen weiterführender Schulen und Arbeitgeber nach Transcripts (Liste aller Prüfungsergebnisse an der High School) und Empfehlungen. Wir schreiben dann einen höflichen Brief, der erklärt, wie wir arbeiten, und unseren Grundsatz beschreibt. Wir versuchen, so freundlich wie möglich darzulegen, daß es bei uns keine Zensuren gibt und daß wir keine Bewertungen vergeben. In neun von zehn Fällen wird dieser Grundsatz anerkannt, und die Schüler werden dahin gelassen, wo sie eigentlich hin sollten, nämlich zu den Leuten vom Zulassungsbüro oder den Personalmanagern der Schulen, an denen sie sich bewerben; und dort regeln sie ihre Bewerbungen selber.

Der zehnte von den zehn Fällen ist, was das Leben interessant macht. Manchmal bleiben sie dabei, computerisierte Anfragen zu schicken, ignorieren eine Antwort, die nicht in das Programm des Computers paßt. Wenn dies geschieht, ist Hartnäckigkeit der Schlüssel; wir versuchen es weiter, bis wir schließlich einen Menschen treffen, der Entscheidungen fällen kann. In anderen Fällen erhalten wir einen Anruf von jemandem, der sagt: „Könnt ihr uns nicht *irgend was* geben, vielleicht eine mündliche Bewertung am Telefon, die niemand sieht?" Geduldig erklären wir, daß wir das nicht können.

Soweit wir wissen, hat unsere Haltung zu Bewertungen nie irgendeinem Schüler geschadet, als er sich in das Leben außerhalb der Schule begab. Der Grundsatz macht die Dinge für sie etwas schwerer, sicher. Aber diese Art von Härte ist, um was es in der Schule geht: lernen, erfolgreich seinen eigenen Weg zu gehen, seine eigenen Standards zu setzen, seine eigenen Ziele zu erfüllen. Und was wir an der Schule als Bonus unseres

Nichtbewertungs- und Nichteinordnungs-Grundsatzes gewinnen, ist eine Atmosphäre, frei von Konkurrenz unter Schülern oder Kämpfen um Bestätigung durch Erwachsene. An Sudbury Valley helfen sich immer alle gegenseitig. Sie haben keinen Grund, es nicht zu tun.

Der Blitzableiter

Mark Twain erzählt eine wunderbare Geschichte über einen Blitzableiter-Verkäufer, der es fertigbringt, einen Kunden zu überzeugen, eine große Zahl von Blitzableitern zu kaufen, um im Fall eines Gewitters jede Ecke seines Hauses zu schützen. Beim ersten Gewitter ist dann der Kunde ein Gefangener im eigenen Haus: Die Blitzableiter haben alle Elektrizität des ganzen Himmels aus dem Umkreis vieler Meilen angezogen, und das Haus ist in einen Vorhang aus Elektrizität eingeschlossen.

Diese mörderisch komische Erzählung wurde für uns zur schrecklichen Wirklichkeit, als wir unsere Schule gerade eröffnet hatten. Es stellte sich heraus, daß Sudbury Valley ein gewaltiger Blitzableiter in den stürmischen Himmeln des Bildungssektors der späten 60er Jahre war.

Es gärte in der amerikanischen Gesellschaft. Eine Reihe größerer politischer Konflikte hatte das Land gespalten, es wütend und gewalttätig gemacht. Auch die Schulen waren davon nicht ausgenommen.

Überall schossen neue Schulen aus dem Boden, gegründet von unzufriedenen Lehrern, engagierten Eltern, politischen Gruppen oder gelegentlich von rebellischen älteren Schülern. Viele wurden als „freie Schulen" bezeichnet. Nach einer Weile fielen alle unter die Bezeichnung „Alternativschulen", die heute immer noch benutzt wird, um jede Schule außerhalb des Mainstreams zu beschreiben.

Sudbury Valley war nicht auf dieselbe Art gestaltet wie diese anderen neuen Schulen. Wir hatten unsere Philosophie und unsere Ziele vor dem ausgeprägten Hintergrund der Geschichte, der Lerntheorie und der einzigartigen amerikanischen Erfahrung formuliert. Durch einen Zufall waren wir gerade im turbulenten Jahr 1968 bereit zur Eröffnung. Durch einen weiteren Zufall waren wir die einzige „Alternativschule" im östlichen Massachusetts, die auch für Teenager geöffnet war, und eine aus einer Handvoll Schulen für kleinere Kinder.

Für viele Leute war keine Zeit für Haarspalterei. Wir waren der „alternative" Blitzableiter. Von überallher strömten Leute, um ihre Kinder einzuschreiben. Sie hörten kaum darauf, was wir ihnen über unser Programm sagten. Das Ergebnis war ein vorhersehbares Desaster. Es stellte sich heraus, daß die meisten eigentlich das Gegenstück zur progressiven Schule gesucht hatten. Sie wollten einen Ort, der intensive Leitung, Beratung und Intervention für ihre Kinder anbot. Das war kaum vereinbar mit dem, was wir taten.

Eine Weile warteten sie. Wie auch die Schüler. Sie waren überzeugt, daß die Wahlfreiheit, die wir boten, nur ein Trick war, ein Weg, die Kinder zu verleiten, sich wohl zu fühlen, sich frei zu fühlen. Sie waren sicher, daß nach ein paar Wochen der Nicht-Führung die Mitarbeiter schließlich aus ihrer passiven Rolle hervortreten, ihre Arme warm um die Schultern der Kinder legen und freundlich sagen würden: „O.k., Johnny, du konntest jetzt wochenlang spielen, herumalbern und nichts tun; denkst du nicht, daß es Zeit ist, dich hinzusetzen und etwas Produktives zu tun? Würdest du uns nicht gerne helfen?"

Aber dieser Tag kam nie. Wir blieben unseren Prinzipien treu, bis es allmählich jedem dämmerte, daß wir wirklich meinten, was wir sagten. Die Kinder sollten wirklich die freie Wahl haben.

Es gab einen Aufruhr. Die Hälfte der Eltern richtete sich mit der gleichen Bitterkeit gegen die Schule, die auch auf den politischen Schauplätzen tobte. Nach einem Monat regelrechter Schlachten war die Schülerzahl dezimiert. Wir setzten unsere Arbeit dennoch fort.

Die Schlacht um die Schule, ausgetragen gleich am Beginn ihres Bestehens, baute die Blitzableiter erfolgreich ab. Die Leute kommen nun wegen dem, was wir sind, zu uns. Meistens. Sie verwechseln uns nicht mehr so sehr mit etwas, das wir nicht sind.

Ein Freund sagte einmal: „Ich weiß den genauen Unterschied zwischen Euch und den progressiven ‚freien' Schulen."

„Worin besteht er?" fragte ich, skeptisch, daß man es in einem Satz ausdrücken könnte.

„In Eurer Schule wird erwartet, daß man tut, was man mag; in den anderen, daß man mag, was man tut."

Und das drückte es ziemlich gut aus.

Wir haben es nie als unsere Aufgabe angesehen, unsere Schüler zu unterhalten, sie „anzuregen", sie zu verleiten, das zu lernen, was sie lernen „sollten". Wir haben nie gute Laune und Glücklichsein an die Spitze unserer Prioritätenliste gesetzt. Für uns an Sudbury Valley ist wichtiger, der Realität ausgesetzt zu sein. Für Lernen und Wachsen sind die alltäglichen Kämpfe, Enttäuschungen, Frustrationen und Fehlschläge genauso unentbehrlich wie – sogar unentbehrlicher als – das Glücklichsein und die Zufriedenheit, die von anderen angestrebt werden.

Diese Dinge stehen nicht länger in Frage, und sind es auch seit Jahren nicht gewesen. Überall sehen wir die Vorteile, die Kinder daraus ziehen, daß man sie ihren eigenen Lebensstil bestimmen läßt.

Wir sind nun eine neue Art von Blitzableiter; oder – vielleicht besser – ein Leuchtfeuer, das von überall jene anzieht, die für ihre Kinder die Freiheit möchten, die wir bieten.

Teil 2

Schul-Leben

Das School Meeting

Jeden Donnerstag, genau um 13 Uhr, werden die Anwesenden vom Vorsitzenden zur Ordnung gerufen. Eine weitere Sitzung des School Meetings beginnt, ihren Lauf zu nehmen. Das Meeting ist das Herz der Schule. Es leitet Sudbury Valley. Von ihm, und nur ihm, geht alle Autorität im täglichen Leben der Schule aus. Angelegenheiten, ob groß oder klein, werden im School Meeting behandelt. Einige der bedeutsamsten Streitfälle im Leben der Schule sind dort gelöst worden.

Das Justizsystem der Schule wurde 1968 in mehreren aufeinanderfolgenden Sitzungen, die jeweils mehr als sechs Stunden dauerten, entworfen. Elf Jahre später führten lange Debatten zu einer Umstrukturierung des Systems, und wieder sechs Jahre später wurde noch eine weitere Veränderung in Kraft gesetzt. Stunden über Stunden des Denkens und Argumentierens verwandten wir auf diese Angelegenheiten.

Alle schweren Strafen für Vergehen werden hier festgesetzt, es ist auch unser Berufungsgericht.

Die Gesetze der Schule werden dem School Meeting vorgeschlagen und auch dort verabschiedet. Sie werden im Gesetzbuch der Schule gesammelt.

Von Zeit zu Zeit finden einige seltsame Regelungen ihren Weg in das Gesetzbuch. Schon früh ließen Leute Papier und Müll überall auf dem Schulgelände fallen, und wir bemühten uns um einem Weg, es sauberzuhalten. Im Verlauf der Debatte wurde klar, daß einige sich viel mehr um das Problem kümmerten als andere. Es gab keinen plausiblen Weg, die Dreckspätze zu zwingen, den ästhetischen Geschmäckern der Pingeligen nachzugeben. Schließlich schlug Jack eine Lösung vor: „Let them that litter, litter; let them that pick up, pick up." (Die schmutzen, laß schmutzen; die putzen, laß putzen.) Laissez-faire in seiner extremsten Form. Ein müde gewordenes Meeting nahm den Aphorismus an; die Regel blieb zwei Jahre bestehen, bis die Dreckspätze nachgaben.

Das School Meeting richtet School Corporations ein, handelt die Arbeitsverträge der Mitarbeiter aus und bewilligt Sonderausgaben. Und es vergibt oder widerruft in seinen Sitzungen die Privatkonzessionen. Man weiß nie, was sich plötzlich zu einer endlosen Debatte auswachsen wird. Einige bedeutende Streitpunkte sind in 15 Minuten abgehandelt. Andere Angelegenheiten, die man für banal hält, beanspruchen die Aufmerksamkeit des Meetings stundenlang.

Als Dennis eine Konzession für den Verkauf von Bleistiften zu zehn Cent pro Stück (die Schule sollte natürlich ihre zehn Prozent des Gewinns erhalten) bekommen wollte, flammte die Debatte plötzlich auf. Die Schule hatte bereits einen Bleistift-Automaten für 25 Cent das Stück, und wir hatten einen Fünf-Jahres-Vorrat an Bleistiften. Wie könnte das School Meeting eine Konzession erteilen, mit der die Schule sich selbst Konkurrenz schafft?

Hehre Prinzipien wurden beschworen. Freier Handel, Protektionismus, die gesamte Geschichte des Bleistift-Verkaufs der Schule – alles wurde gründlich durchgegangen, bevor das Problem gelöst werden konnte. Niemand hätte sich vorher träumen lassen, daß es zu dem Thema überhaupt eine Diskussion geben würde.

Jeder Schüler hat, unabhängig vom Alter, eine Stimme im Meeting. Ebenso jeder Mitarbeiter. Da die Schüler den Mitarbeitern zahlenmäßig im Verhältnis 7:1 überlegen sind, kontrollieren in Wirklichkeit sie die Schule.

Bei Gründung der Schule hatten wir ein Problem, das School Meeting in die rechtliche Struktur einzubinden. Nach dem Recht des Staates Massachusetts können Minderjährige nicht die gleichen Befugnisse wie Erwachsene haben. Ich erinnere mich noch, wie unsere Rechtsanwälte – zwei hilfsbereite, herzliche, hervorragende Männer, beide mit langer Erfahrung im öffentlichen Dienst – sich hin- und herbewegten und murmelten: „Ihr wollt, daß Vierjährige, Achtjährige und Zwölfjährige über die gleichen Dinge wie Erwachsene abstimmen?!"

Das machte für sie keinen Sinn. Aber ihre kreativen Köpfe erfanden einen Weg, es zu ermöglichen.

Alle stimmen ab, wenn sie kommen. Die Teilnahme ist freiwillig. Stellvertretung ist nicht erlaubt. Was also in der Schule geschieht, ist genau das, was überall sonst in einer freien Demokratie geschieht: Wenn eine Streitfrage jemandem etwas bedeutet, kommt er. Andernfalls macht er sich gewöhnlich keine Gedanken darum.

Nach einer Weile kann man die Tagesordnung schon erraten, wenn man sich ansieht, wer da ist. Wenn ein Haufen athletischer Jugendlicher plötzlich als Block vorbeischaut, stehen die Chancen gut, daß wir gleich um eine Sonderausgabe gebeten werden, um neue Sportausstattung zu kaufen. Wenn aus heiterem Himmel drei Zwölfjährige auftauchen, liegt eine Konzession in der Luft. Natürlich gibt es in allen Altersgruppen auch einige regelmäßige Teilnehmer, die an der Leitung der Schule beteiligt sein wollen, genau wie es sie auch in jeder Stadt gibt.

Natürlich muß man die Tagesordnung nicht anhand der Anwesenden erraten. Sie wird jede Woche im voraus gedruckt, eine Praxis, die kurz nach Eröffnung der Schule einsetzte. Auf diese Weise ist jeder über die anstehenden Punkte „vorgewarnt".

Das School Meeting arbeitet nach festgelegten Verfahrensregeln. Der Vorsitzende lernt die Regeln, und bei der Sitzung anwesende Amateurparlamentarier helfen im Notfall aus. Man ergreift nur das Wort, wenn man es vom Vorsitzenden erteilt bekommt; man wendet sich parlamentarisch nur an den Vorsitzenden; es herrschen vollkommene Ruhe und Anstand (andernfalls muß der Vorsitzende einschreiten). Praktisch alle Entscheidungen werden mit einfacher Mehrheit der Anwesenden getroffen. Jeder wichtige Antrag, der dem Meeting vorgelegt wird, braucht mindestens zwei Lesungen in zwei aufeinanderfolgenden Sitzungen, damit die Leute eine Chance haben, über die Dinge nachzudenken.

Nach den ersten paar Jahren hat fast immer ein Schüler das Amt des Vorsitzenden innegehabt; der Vorsitzende wird jeweils auf einem der ersten Treffen des Schuljahres für eine Amtszeit von einem Jahr gewählt.

Das School Meeting läuft reibungslos ab und bewältigt eine atemberaubende Menge von Punkten in kurzer Zeit. Die Sitzungen dauern selten länger als zwei Stunden, was nicht viel Zeit pro Woche ist, um eine Schule zu leiten. Als wir gerade eröffnet hatten, wurden wir von Außenstehenden wegen der strikten Formalität der Treffen oft harsch angegriffen. „Sie sollten warmherziger sein, mehr ein Geben und Nehmen, mehr Gelegenheit bieten, seinen Gefühlen freien Lauf zu lassen." Einige fühlten sich durch das Prinzip der Mehrheitsentscheidung beleidigt; sie meinten, alles sollte im Konsens geschehen, nach einer herzlichen Runde emotionaler Bindung.

Sudbury Valley hat seine Entscheidung nie bereut, demokratischen Verfahrensweisen treu zu bleiben, die bis ins alte Griechenland zurückreichen. Praktische Demokratie funktioniert bei uns gut, und wir sind stolz darauf.

Gefahren

Das erste Mal, als ein Zwölfjähriger bis in die Spitze der großen Buche kletterte, blieb uns fast das Herz stehen. Da war er, in über 20 Meter Höhe, durch das Laub kaum zu sehen, und rief stolz zu uns herab. Und da waren wir, unten auf dem Boden, und Katastrophenszenarien schossen uns durch den Kopf. Mit der Buche begann die erste von vielen langen Diskussionen über Gefahren auf dem Schulgelände. Je mehr wir darüber nachdachten, um so mehr Gefahren entdeckten wir. Jene, die wir vergaßen, entdeckten die Kinder. Jedes Kind hat die Freiheit, jederzeit überall hinzugehen, wo es hin will. Unser Schulgelände ist offen. Unser Schicksal ist, uns darum Sorgen zu machen.

Anfangs waren wir naiv und arglos. „Wir haben ein offenes Schulgelände", sagten wir, wobei uns völlig klar war, daß dies bedeutet, daß die Kinder jederzeit das Schulgelände verlassen dürfen. Wie wir dieses gefängnisartige Eingeschlossensein der Schule haßten, als wir jung waren! Schule und Gefängnis sollten, wenn es nach uns ging, nichts gemeinsam haben. An Sudbury Valley öffneten wir die Türen und warfen die Schlüssel weg.

Wir waren erfreut, ein paar Monate lang. Dann, eines Tages, fanden wir ein paar Achtjährige, die vergnügt die Straße hinunterspazierten, in Richtung der eine Meile entfernten Pizzeria am Nobscot Corner. Achtjährige auf der Straße! Wir waren starr vor Angst.

Selbst die Polizei brauchte einige Jahre, um sich an uns zu gewöhnen. Wir erhielten regelmäßig Anrufe von Beamten, die meldeten, daß sie unsere „Ausreißer" entdeckt hätten.

Dann kamen „die Felsen", diese herrliche Ecke des Schulgeländes, die von der Natur mit großen Felsbrocken ausgestattet war. Wie schön sie aussahen – bis die Fünf- und Sechsjährigen entschieden, sie zum Klettern zu benutzen. Wie bedrohlich sie auf einmal erschienen!

Der Bach war das nächste, das unsere Aufmerksamkeit an sich riß. Schmal und seicht schlängelt er sich vom Fuße des Mühldamms aus durch unser Grundstück. Baiting Brook ist sein Name, ein typisches kleines ländliches Rinnsal, hübsch und verführerisch. Wir hatten keine Ahnung, daß dieser unschuldige Wasserlauf in vieler Hinsicht bedrohlich sein konnte. Die Steine, die sein Bett einsäumten, waren glatt und wackelig. Hier und da waren kleine Senken versteckt, manche 60 Zentimeter tief, in denen ein Vierjähriger bis zum Hals im Wasser verschwinden konnte.

Tatsächlich dauerte es nicht lange, bis uns bewußt wurde, daß – aus der entsprechenden Perspektive betrachtet – praktisch alles in der Umwelt gefährlich sein kann. Bäume, Felsen, die Veranda, Straßen und Flüsse. Sogar unser scheinbar wunderbarer Rasen hatte Gopher-Löcher, die Unvorsichtige dazu einladen, sich den Fuß zu verknacksen.

Wir kannten unsere Gefühle diesen Gefahren gegenüber, aber wir durften nicht aufhören, uns selbst immer wieder zu ermahnen: Im Mittelpunkt der Schule steht der Gedanke, daß Kinder nur dadurch urteilsfähig werden, daß sie Probleme des realen Lebens bewältigen. Unserer Meinung nach ist der einzige Weg, wie Kinder verantwortliche Menschen werden, selber für ihr eigenes Wohlergehen, für ihre eigene Bildung und für ihre eigenen Ziele verantwortlich zu *sein*.

Wie jedes andere edle Prinzip wurde auch dieses frühzeitig auf die Probe gestellt – durch die Gefahren auf unserem Schulgelände.

Wir haben über diese Angelegenheiten stundenlang diskutiert, obwohl wir wußten, daß wir unseren Prinzipien treu bleiben müssen. Es sind hauptsächlich die älteren Leute an der Schule, die einander zurückhalten und beruhigen.

Wie sich herausstellte, betrachten die Kinder die alltäglichen Gefahren als Herausforderungen, denen sie sich mit geduldiger Entschlossenheit, mit Konzentration und vor allem mit Vorsicht stellen. Menschen schützen sich von Natur aus, sind nicht selbstzerstörerisch. Die wirkliche Gefahr liegt darin, ein Netz von Beschränkungen um die Menschen herum aufzubauen. Diese Beschränkungen werden selbst zu Herausforderungen, und sie zu brechen gewinnt solch hohe Priorität, daß mitunter sogar die persönliche Sicherheit ignoriert wird. Also lassen wir den Dingen ihren Lauf. Wir bekamen unseren Teil kleiner Schnittwunden und blauer Flecke ab. Einiges wird ausgewaschen und mit einem Pflaster versehen. Die Kinder laufen sofort dorthin zurück, wo sie waren, um einen neuen Versuch zu unternehmen. Die meisten Wunden werden gar nicht erst beachtet. Das sind die gewöhnlichen Schrammen des alltäglichen Lebens. Normalerweise sind die Kinder zu sehr beschäftigt, um ihnen überhaupt Aufmerksamkeit zu widmen. Der schwerste Unfall, den wir jemals hatten, geschah, als eine Achtjährige die Rutsche kopfüber benutzte und sich dabei heftig die Schulter stieß.

Eine Grenze ziehen wir, eine unsichtbare, wo auch die Gemeinschaft und die staatlichen Gesetze eine gezogen haben: am Ufer des Teiches. Gewässer werden von allen als öffentliche Gefahr angesehen. Die Gefahren, die sie darstellen, sind üblicherweise verborgen. Es gibt selten eine zweite Chance, um aus Fehlern zu lernen. Und aus rein praktischen Gründen würde weder der gesunde Menschenverstand noch unsere Versicherung einen freien Zugang zum Teich tolerieren.

Also hat das School Meeting eine strenge Regel beschlossen, die jedem verbietet, in den Teich zu gehen, auch nur seine Zehenspitzen hineinzutauchen – es sei denn unter Aufsicht. Das gleiche gilt für das Betreten des Gewässers im Winter, wenn es eisbedeckt ist.

Die Angelegenheit wurde eingebracht, diskutiert und mit einem einstimmigen Votum beschlossen. Die Beschränkung im Hinblick auf den Teich ist nie angefochten worden, weder im School Meeting noch in der Praxis. Im Laufe der Jahre sind eine einige kleine Kinder vorgeladen worden, weil sie ihre Füße naß gemacht haben. Niemand ist je wirklich ohne Erlaubnis ins Wasser oder aufs Eis gegangen.

Einen Zaun um den Teich gibt es nicht.

Die Buche lockt jedes Jahr neue Generationen von Schülern an. Jedes Jahr erobert eine neue Gruppe ihre Höhen und gibt das Geheimnis ihres Erfolges an die nachfolgenden weiter.

Nobscot-Pizza hat sich, wie auch die Polizei, an hereinplatzende junge Menschen gewöhnt. Den Nachbarn ist das Bild vorbeiziehender Schüler jeden Alters inzwischen vertraut.

Mit den alltäglichen Gefahren umzugehen ist ein wichtiger Teil dessen, was sie hier lernen. An Sudbury Valley leben die Schüler in der wirklichen Welt, uneingeschränkt.

Das Prinzip Vertrauen

Die Sache mit dem Teich ist nicht das einzige an der Schule, das nach dem Vertrauensprinzip läuft. Die ganze Schule funktioniert so.

Zum Beispiel: die Schlösser. An Sudbury Valley sind wir allergisch dagegen. Es gibt eine Tradition, die auf die frühesten Tage zurückgeht, daß wir nirgends in der Schule Schlösser anbringen wollen.

Jeder hat seine eigene persönliche Schublade, um Sachen in der Schule aufzubewahren. Die Schubladen sind private Nester, in denen alle möglichen Schätze gehamstert werden. Die Schubladen sind für alle außer den Besitzer tabu. Und sie haben keine Schlösser.

Nur selten fehlt etwas aus einer Schublade. Gelegentlich wird jemand dabei ertappt, wie er in die Schublade eines anderen hineinschielt, und vor das Justizkomitee gebracht.

Die Privatsphäre der persönlichen Fächer zu achten hat schon zu einigen kuriosen Dilemmata geführt. Eine Regel verbietet jedem, frische Nahrungsmiittel in der Schublade aufzubewahren. Es ist vorgekommen, daß uns ein Geruch unmißverständlich darauf hinweist, daß diese Regel ignoriert wurde. Dies ist einmal vorgekommen, als der Besitzer nicht anwesend war.

Was sollten wir nun tun? Ein großes Kopfzerbrechen begann. Sollten wir die Schublade öffnen und Lebensmittel herausnehmen? Die Diskussion tobte tagelang, bis unsere Nase und die Furcht vor Mäusen den Streit beilegten. Die Schublade wurde geöffnet und das anstoßerregende Nahrungsmittel entfernt.

Das Vertrauensprinzip ist in der Schule so tief verwurzelt, daß niemand mehr darüber nachdenkt. Regelmäßig läßt man Portemonnaies, Brieftaschen und Wertsachen ungeschützt herumliegen. Selten werden sie angetastet.

Wenn jemand gegen die Vorschrift verstößt, folgt die Reaktion rasch. Er bekommt zu spüren, daß solches Verhalten allgemein verurteilt wird.

Das Gefühl von Vertrauen und Respekt geht tiefer, als sich irgend jemand von uns erträumt hätte, und die verschiedensten Charaktere sind empfänglich dafür. Selbst ein Jugendlicher, der wegen Diebstahls auf Bewährung ist (was gelegentlich vorkommt), Teenager, die dafür bekannt sind, daß sie schon einmal das eine oder andere Gesetz brechen, beachten dieses gegenseitige Vertrauen mit aller Entschiedenheit. Einmal hatten wir einen 17jährigen, der, wie wir erfuhren, wegen Autodiebstahls bestraft worden war. Es stellte sich heraus, daß an der Schule niemand vertrauenswürdiger war als gerade er.

Aber das Herz des Vertrauensprinzips ist die Idee der Zertifizierung; sie liegt Hunderten von Aktivitäten zugrunde.

Die Schule ist voll von Geräten und Anlagen, für deren Handhabung man besondere Kenntnisse braucht: In der Dunkelkammer, im Büro, im Computerraum, der Küche, der Werkstatt und im Kunst- und Handwerksraum. Das School Meeting hat eine einfache Regel für alle aufgestellt: Jeder darf Geräte benutzen, wenn er gelernt hat, sie zu bedienen. Sobald man es kann, ist man für das betreffende Objekt „zertifiziert", also befähigt und befugt, und kann es nach Belieben nutzen.

Das Zertifizieren übernehmen Experten. Sie legen auch fest, wer als Experte gelten darf. Listen aller Zertifizierten werden für jedermann sichtbar ausgehängt. Das System gilt selbst für die gefährlichsten Apparate. Je größer die Gefahr, um so ausgefeilter die Zertifizierungsprozedur, aber sie ist für alle dieselbe, unabhängig vom Alter.

Das bedeutet, daß einige noch recht junge Leute am Ende vielleicht ausgesprochen komplizierte Ausrüstung benutzen. Wie etwa ein Elfjähriger allein in der Dunkelkammer. Oder ein Zwölfjähriger in der Werkstatt. Oder ein Neunjähriger in der Küche. Niemand ist vorsichtiger als diese Kinder, die darauf aus sind, zu beweisen, daß sie Erwachsene in deren eigenen Spielen schlagen können. Und da alles zur Zertifizierung freigegeben ist, braucht sich niemand heimlich hinzuschleichen und eine verlockende „verbotene Frucht" nehmen.

Hin und wieder stecken wir in einem Zwiespalt.

Als wir unseren ersten Computer bekamen, schien er in unseren Augen schrecklich angreifbar. Es war einfach nicht zum Aushalten, uns ausmalen zu müssen, wie er mitten in der Nacht weggekarrt wird. Es schien einfach keinen Weg zu geben, zu vermeiden, daß der Computer über Nacht weggeschlossen wird. Ein Schloß in der Schule!

Die Diskussionen hätten das Herz jedes Adepten von Mysterien erwärmt. Die Schule wurde jeden Abend abgeschlossen, nicht wahr? Die Schlösser in den Schultüren waren aber nicht Schlösser *in* der Schule, sondern Schlösser *gegen* die Welt draußen, die mit uns nichts zu tun hatte. Das Schloß am Computerkabuff war ebenfalls nicht wirklich *in* der Schule; es sah nur so aus. Es war eigentlich – ein Innenschloß, das sich gegen Leute von außen richtete.

Wir bauten unser Schloß ein. Alle zuckten zusammen, als sie die Entscheidung fällten. Innerhalb der Schule hatte jeder, der eine Erlaubnis zur Benutzung des Computers hatte, Zugriff auf den Schlüssel.

Nach ein paar Monaten konnte es niemand mehr aushalten. Mit einer überwältigenden Mehrheit stellte das School Meeting einige Hundert Dollar seines kostbaren Geldes zur Verfügung, um ein Sicherheitssystem zu kaufen, mit dem der Computer fest auf seinem Tisch verankert wurde.

Das Schloß am Kabuff wurde mit großem Vergnügen entfernt.

Im Laufe der Jahre ist es nur zu sehr wenigen Diebstählen gekommen, sehr wenig Zerstörungswut und sehr wenig Respektlosigkeit. Unser über hundert Jahre altes Gebäude, das ein paar Jahre Mißbrauch so leicht hätten zerstören können, sieht heute erheblich besser aus als damals, als wir es eröffneten.

Und das allgemeine Vertrauensprinzip hilft, eine Atmosphäre des Vertrauens und der persönlichen Würde zu erhalten, die die ganze Schule durchdringt.

Die Sport-Szene

Ein sonniger Tag im September. Das Schulgebäude ist fast menschenleer.

Ich schaue durch die Scheiben der großen Türen des Nähraums nach draußen. Alle haben sich auf dem Rasen versammelt, wo eine große Runde „Erobert die Flagge!" stattfindet. Mit viel Geschrei und Lachen rennen die Kinder hin und her quer über das Feld.

Eine Stunde später ist das Spiel vorbei. Allein, zu zweit und zu dritt kommen die Spieler wieder ins Gebäude spaziert, durstig, hungrig und voll Schwung.

Die Höhepunkte des Spiels werden in leidenschaftlichen Unterhaltungen noch einmal durchlebt. Es scheint keinen Verlierer zu geben, sondern sieht wie ein Spiel aus, bei dem beide Mannschaften gewonnen haben.

Die Szene wiederholt sich während des ganzen Schuljahres. Den Frühherbst, Winter, Frühling und Frühsommer hindurch wechseln sich American Football, Fußball, Rodeln, Eishockey, Basketball und Baseball auf dem Platz ab. Wo Ausrüstung fehlt, Torpfosten beispielsweise, wird ein provisorischer Ersatz zusammengeschustert.

Egal wie das Spiel heißt, die Grundregel ist immer dieselbe: Jeder, der möchte, spielt mit – unabhängig von Alter, Geschicklichkeit oder Teilnehmerzahl.

Ein Baseball-Team kann auf diese Weise schließlich fünf Spieler haben oder 15, Sechsjährige und 16jährige können Seite an Seite spielen, Jungen und Mädchen gleichermaßen mitmachen.

Sieh genau hin, und du kannst einige bemerkenswerte Szenen beobachten.

Ein unbeholfener Achtjähriger ist an der Reihe, den Ball zu schlagen. Auf den Bases stehen Spieler. Seine Teamkollegen sind um die Home Plate verstreut und feuern ihn an.

Er schlägt. Der Ball hüpft den Boden entlang, zwischen dem Werfer und der dritten Base. Er läuft, so schnell er kann, entkommt dem Ball und ist sicher an der ersten Base. Es herrscht große Freude.

Der nächste Schläger ist der Star des Teams, ein riesiger 18jähriger. Er schlägt einen langen Flugball zum überfüllten Außenfeld. Direkt zu einem Zwölfjährigen, der darauf wartet, daß der Ball herunterkommt – und ihn dann fallen läßt. Niemand sagt ein Wort. Die beiden laufen ins Ziel.

Nach eineinhalb Stunden wird das Spiel im Einvernehmen aller beendet. Niemand ist niedergeschlagen. Es gibt keine gegenseitigen Anfeindungen.

Dann dämmert einem plötzlich die großartige Wahrheit: Die Leute haben *Spaß gehabt*. Sie haben das Spiel genossen.

Und genießen tun sie es, Jungen und Mädchen, groß und klein, Alt und Jung, gute und schlechte Spieler.

Es herrscht eine Stimmung lebhafter Aufregung, von geschäftiger Aktivität, von Leben. Immer, immer ist Lachen zu hören.

Natürlich nicht nur beim Baseball. In allen Wettbewerbssportarten. Die Ziele scheinen darin zu bestehen, körperlich aktiv zu sein, sich im Freien aufzuhalten und eine gute Zeit zu verbringen.

Eines Herbsttages wurde sich Mimsy, eine der Gründerinnen der Schule, plötzlich der Tatsache bewußt, daß 15 Jahre lang Angriffs-Football ohne irgendwelche Schutzausrüstung gespielt worden war. Sie war geschockt und beunruhigt. Es schien so schrecklich unverantwortlich. Jedes Jahr waren die Zeitungen voll von Berichten über schwer verletzte Schüler beim High School Football. Einige öffentliche Schulen haben diesen Sportart sogar abgesetzt.

Mimsy setzte einen Antrag auf die School-Meeting-Agenda, der das Verbot von Angriffs-Football an der Schule forderte.

Es war eine der bestbesuchten Sitzungen in der Geschichte der Schule. Die Debatte war sachlich und sorgsam durchdacht.

Es redeten größtenteils Football-Spieler. Langsam kam in unser aller Blickfeld, was wirklich auf dem Spielfeld vor sich geht.

„Es hat an Sudbury Valley nie einen Unfall bei Kontakt-Sportarten gegeben", sagte ein stämmiger Teenager, „weil wir darauf achten, niemanden zu verletzen. Das ist Teil des Spiels. Wir sind uns dessen ständig bewußt. So was kommt einfach nicht vor."

„Eine Runde Angriffs-Football", sagte ein anderer, „ist weniger gefährlich, als auf der Straße zum State Park zu spazieren."

Die kleinen Kinder stimmten dem zu, ausnahmslos. Nicht eines von ihnen ist jemals hart getroffen worden.

Der Antrag hatte zwei Lesungen, zwei Debatten wie jeder wichtige Antrag. Er scheiterte mit einer überwältigenden Mehrheit. Ich bin mir nicht einmal sicher, ob Mimsy ihn noch unterstützte, als es zur Abstimmung kam.

Am nächsten Tag sah ich bei einem Basketball-Spiel genau zu, genauer als je zuvor. Riesen und Zwerge spielten zusammen auf einem Asphaltplatz, der früher als Parkplatz diente. Basketball kann ein stark körperbetonter Sport sein. Und dieses Spiel hier war es, aber auf eine für die Schule typische Art.

Große Kinder rempelten große Kinder an, aber schienen nie die kleinen zu berühren. Die Kleinen rempelten einander an und taten ihr Bestes, die großen herumzuscheuchen wie Mücken einen Elefanten. Niemand zerquetschte die Mücken. Niemals.

Bei Sudbury-Valley-Sport geht es um das Spiel. Und am Ende ist jeder Gewinner.

Camping

In der Schule ist das herrliche Außengelände immer mindestens genauso wichtig gewesen wie die Innenräume. Selbst ein zufälliger Besucher kann das erkennen; in den Gesichtern der Kinder, an ihrem Körper, ihren Bewegungen und ihrer physischen Freiheit.

Eines Herbsttages vor vielen Jahren dachten einige von uns: „Warum nicht den nächsten Schritt tun? Wie wäre es mit einem Camping-Ausflug in die White Mountains in New Hampshire, wo wir die ganze Zeit draußen verbringen können?" Wir hängten einen Zettel ans Schwarze Brett. Interessenten wurden gebeten, sich anzumelden.

Schnell bildete sich eine Liste von 30 Schülern. Wir liehen uns etliche große Zelte aus, organisierten eine Flotte von Mitarbeiter-Autos und stellten den Ausflug zusammen. Jeder bekam eine Liste, auf der aufgeführt war, was er mitbringen sollte. Es wurde ein Kostenanteil für jeden festgelegt, um die Ausgaben der Gruppe zu decken.

Am 10. Oktober machten wir uns auf in Richtung Franconia State Park. Die Stimmung war gut. Als wir ankamen, fanden wir den Zeltplatz leer vor. Wochentags-Camping im Oktober ist gewöhnlich nicht der Renner.

Wir errichteten das Lager und wanderten auf den Gipfel eines kleinen Berges. Die Aussicht war erfrischend. Wieder unten, zündeten wir die Feuer an, kochten Abendessen, erzählten Geistergeschichten, und schließlich gingen wir schlafen, müde und glücklich.

In dieser Nacht schneite es ... und schneite ... und schneite. Der Sturm tobte in örtlichen Böen, die nur einige wenige Berggebiete trafen. Und in einem dieser Gebiete waren wir.

Um 3 Uhr früh – das Camp war etwa zehn Zentimeter hoch mit Schnee zugedeckt – brach eines der Zelte über den Campern zusammen. Große Aufregung. Es dauerte eine Stunde, bis jeder von ihnen umquartiert war und man sich beruhigte. Wir erfroren beinahe.

An diesem Morgen kauerte ein Häuflein durchnäßter Camper in der Haupthütte des Campingplatzes zusammen, um an einem Feuer aufzutauen. Das Frühstück war kalt, alles war naß und gefroren. Wir bauten das Lager schnellstens ab und flohen zurück nach Hause. Übrigens erst zehn Jahre später wagten wir einen weiteren Herbst-Camping-Ausflug, und dann nur versuchsweise, zum Mount Monadnock – weniger weit entfernt, mit einem leichteren Heimweg und nur einer Übernachtung.

Ließen die Freiluftmenschen an der Schule sich von solch einem unglücklichen Start beeindrucken? Niemals! Es war alles eine Sache der Jahreszeit. Im Frühling begann die Werbung für einen weiteren, diesmal viertägigen Camping-Ausflug beizeiten. Es schien, als hätten sich die Erinnerungen an Franconia seitdem rosa gefärbt. „Das war ein großes Abenteuer", sagten die Schüler zu den zweifelnden Mitarbeitern.

Also planten wir einen weiteren Ausflug – spät im Juni und in Richtung Süden, zum Cape Cod (östlichster Punkt von Massachusetts, am Atlantik). Nickerson State Park war unser Ziel. Dort gibt es keinen Schnee im Juni, garantiert nicht.

Der Ausflug war ein riesengroßer Erfolg. Wir schwammen in einem See, wanderten in den Wäldern, gingen zum Meeresstrand, sahen uns die Dünen an und machten einen Ausflug nach Provincetown.

Eine neue Schultradition war eingeführt. Jedes Jahr im Juni verbringen wir eine Woche am Cape Cod. Jeder, der will, fährt mit, wenn er erträgt, eine Woche von zu Hause fort zu sein und im Zelt zu leben, und selbst für sich sorgen kann. Wir fahren bei Regen wie bei Sonnenschein, weil es niemanden zu stören scheint, wenn es regnet. Die Badesachen werden nur ein bißchen schneller naß, und es bestand keine Gefahr eines Sonnenbrands.

Bald wurde eine „Corporation für Camping und Ausflüge" eingerichtet, um Camping-Ausflüge zu organisieren und sich noch andere auszudenken. Natürlich mußte es zu Auseinandersetzungen kommen. Vor allem über die Camping-Ausflüge.

Es begann alles nach dem ersten Ausflug zum Cape Cod. „Das nennt ihr Camping?" fragte Marge empört. „Das war eher wie in einem vornehmen Urlaubshotel. Es hätte Miami Beach sein können. Schwimmen, Ausflüge machen, warme Duschen, sorgfältig zubereitete warme Mahlzeiten und herumsitzen. Was ist daran ‚Camping'?"

Nun, es stellte sich heraus, daß fast alle eigentlich nicht in erster Linie „Camping" gemeint hatten. Was den Leuten vorschwebte, war eine Art netter Urlaub im Freien.

Die Puristen waren aufgebracht und beleidigt. Beim zweiten Nachdenken entschieden sie, nächstes Jahr dennoch mitzukommen. Einfach, weil es Spaß machen könnte. Der Ausflug blieb, was er war.

Er blieb, was er war, und bekam Ableger. Nachdem wir uns schließlich von Franconia erholt hatten, wurde eine Herbst-Version eingeführt, zum Mount Monadnock, um das Schuljahr richtig zu beginnen. Und mehrere Jahre danach wurde eine Winterwoche Skilaufen am Mount Killington in Vermont ins Leben gerufen. In Zelten wohnten wir bei dieser Version nicht. Aber wir schliefen in Schlafsäcken.

Auch die Puristen kamen zu ihrem Recht. Sie trafen sich und organisierten Schönwetter-Ausflüge mit dem Rucksack in die Berge und Skilanglauf-Touren im tiefsten Winter. Kleine Ausflüge, für die wenigen abgehärteten Freiluftmenschen, denen wirklich etwas daran lag. Gewiß, Ausflüge fanden selten statt. Aber sie wanderten, wann immer sie wollten, wann immer es organisatorisch machbar war, loszuziehen.

Es dauerte nicht lange, bis sich Marge mit den gewöhnlichen Ausflügen versöhnte. Schließlich war jeder bei diesen Ausflügen draußen, und das war etwas wert. Und man hatte eine großartige Zeit und lernte, sich um die eigenen Grundbedürfnisse zu kümmern.

Bald bekam sie mit, wie die Dinge hier laufen. „Warum nicht eine Übernachtung in Zelten auf dem Schulgelände anbieten, für kleine Kinder, die sich so ausgegrenzt fühlen, weil sie nicht groß genug sind, um eine Woche wegfahren zu können?" schlug sie vor. Das war eine hervorragende Idee. Die Kleinen schrieben sich in *Massen* ein.

So kam es, daß jedes Jahr Anfang Juni eine Camping-Nacht an der Schule für jene stattfindet, die noch zu klein sind, um mit zum Kap zu fahren. Früh gewöhnen sich die Kinder an Camping – nach Sudbury-Valley-Art. Bald darauf sind sie alt genug, mit den anderen zusammen wegzufahren.

Und Marge stört es nicht mehr wirklich. Ihr kommt es so vor, als ob sie wenigstens geholfen hat, die Chance zu erhöhen, daß vielleicht einige der Kleinen in späteren Jahren *richtige* Freiluftmenschen werden.

Komitees und Zuständige

Der ganze tägliche Kleinkram der Schulverwaltung wurde vom School Meeting ausgegliedert und an Verantwortliche übergeben, die als „Zuständige" bezeichnet werden, oder gelegentlich an ein Komitee. Sie werden einmal im Jahr gewählt, im Herbst, zu Beginn des Schuljahres.

Was wir am allerwenigsten wollten, war eine fest verwurzelte Bürokratie, die immer weiterwuchert, bis sie, soweit das Auge reicht, alles erstickt. Also nahmen wir unser Geschäft auf eine für Sudbury Valley typische Art in Angriff. Wenn Routine-Aufgaben auftauchen, die erledigt werden müssen, definiert das School Meeting sie, erstellt eine Arbeitsbeschreibung und wählt dann jemanden, der diese Aufgabe übernimmt. Niemanden auf unbefristete Zeit, wohlgemerkt, sondern jemanden – ein Schüler oder Mitarbeiter –, der sie ein Jahr lang erledigt.

Besteht Bedarf, die Telefonnachrichten im Auge zu behalten? Braucht man einen, der sich um die Post kümmert? Der Büromaterial bereitstellt? Die Akten in Ordnung hält? – Für diese Arbeit schufen wir einen Zuständigen fürs Büro. Da Grundstück und Gebäude instandgehalten werden müssen, setzten wir einen Gebäudeerhaltungs-Zuständigen ein, und einen Grundstücks-Zuständigen, der sich um das gesamte Anwesen kümmert.

Für größere Arbeiten, für die viele Hände oder viele Meinungen gebraucht werden, gibt es Komitees: eines für die Buchhaltung der Schule, eines für Raumgestaltung und eines für Öffentlichkeitsarbeit.

Zuständigenposten kommen und gehen, je nachdem, wie Aufgaben entstehen, sich verändern oder ihre Bedeutung verlieren. Nur wenig gibt mir mehr Befriedigung, als an einem School Meeting teilzunehmen, das einen Zuständigenposten abschafft. Es ist eine Bestätigung unserer Selbstverpflichtung, uns nicht von der Bürokratie erdrücken zu lassen.

Es gab früher z.B. einen Zuständigen für das Auf- und Zuschließen, um sicherzustellen, daß jeden Morgen jemand da war, der die Schule aufmacht und sie jeden Abend ordnungsgemäß schließt. Auch die Aufgabe, einen Vorrat an Schlüsseln der Schule zu verwalten, wurde diesem Zuständigen übertragen. Ein paar Jahre vergingen. Checklisten für das Auf- und Zuschließen wurden entwickelt, ebenso ein einfaches Schlüssel-Überwachungssystem – sehr einfach, im Grunde nur eine Liste, auf der steht, wer was hat. Es war eigentlich nicht mehr viel an Arbeit übrig, also verschwand der Zuständigenposten, und die Routine wurden der Aufgabenbeschreibung eines anderen hinzugefügt.

Früher gab es immer einen, der für Besucher zuständig war, der sich um den unablässigen Strom von Leuten kümmerte, die herkommen, um die Schule zu besichtigen. Jahrelang war das eine ziemlich umfangreiche Aufgabe. Wir mußten herausfinden, wie wir den Außenstehenden gegenüber so offen wie möglich sein konnten, ohne daß sie die Abläufe zu sehr stören. Als die einander ablösenden Zuständigen eine Lösung ausgearbeitet hatten, wurde ihre Arbeit einfach, zu einfach. Die Abläufe wurden an das Öffentlichkeitsarbeits-Komitee übergeben, der Zuständigenposten abgeschafft.

Es ergeben sich auch neue Aufgaben. Nach einigen Jahren merkten wir, daß eine Menge ehemaliger Schüler in Kontakt mit uns bleiben wollten. Zu unserer Freude schneiten viele von ihnen einfach herein und besuchten uns. Schließlich wurde uns klar, daß wir es ihnen erleichtern sollten, mit der Schule in Verbindung zu bleiben. Das School Meeting schuf aus diesem Grund den Posten eines Zuständigen für Ehemalige.

Das ist ein wirklich gutes Beispiel dafür, wie man ein Prinzip übertreiben kann. Es dauerte mindestens fünf Jahre, bis wir den Posten eines offiziellen Bediensteten für School Meetings einrichteten, der die ehemaligen Schüler betreut. Zuvor versuchten wir immer, die Dinge ohne Formalitäten zu behandeln, oder halb-formell, indem wir jemanden ohne Titel baten, es zu tun. Als einige ehemalige Schüler die Organisation „Friends of Sudbury Valley" gründeten, warteten wir skeptisch ein paar Jahre, um zu sehen, ob sie sie aufrechterhalten würden. Letztendlich, nach einer langen Periode des Ausprobierens und Reifens, gaben wir nach und schufen das Amt einer offiziellen Kontaktperson. Kein Parkinson's Law („Arbeit dehnt sich entsprechend der für sie verfügbaren Zeit") bei uns.

Dann gibt es noch die seltenen Fälle, wenn wir einen Zuständigenposten in zwei aufspalten müssen. Wir hassen das, aber hin und wieder stehen wir vor der Wahl, einen Posten aufzuspalten oder den Zuständigen zweizuteilen.

Lange Zeit hatten wir einen Zuständigen für die Einschreibung, der alles erledigte, was mit der Neuaufnahme eines Schülers zu tun hatte. Er war verantwortlich für die Zulassungsgespräche, die damit verbundene Büroarbeit und das Einziehen des Schulgelds. Das ist alles ein Arbeitsablauf, dachten wir.

Nicht ganz. Die Zuständige fand das bald heraus. Als Interviewerin für Zulassungen war sie der erste Kontakt, den potentielle Schüler mit der Schule hatten. In den meisten Fällen sahen diese Schüler und ihre Eltern sie als Freund an, als hilfreiche Ansprechpartnerin für Probleme, Ängste und Fragen.

Aber wenn Geld ins Spiel kommt, ändert sich alles.

Nichts zerstört Freundschaften schneller oder gründlicher als ein Streit über Geld. Da gehen zwei Menschen Arm in Arm, sind Freunde fürs Leben. Dann streiten sie sich über eine Rechnung, und am nächsten Tag sind sie wahrscheinlich Todfeinde.

Da Einschreibungs-Zuständige auch die für die Schulgeld-Einziehung sorgen mußte, war sie die reinste Zielscheibe. Die freundlichen Schüler und Eltern von gestern konnten leicht zu den Todfeinden von heute werden. Es brauchte so wenig. Meist nicht mehr als eine Erinnerung, daß Geld fällig ist. „Geld? Du läufst mir wegen Geld hinterher? Was für ein gemeiner Kerl du doch bist! Wir dachten, du wärst nett und verständnisvoll. Jetzt wissen wir es besser."

Es dauerte 18 Jahre und verbrauchte eine Zuständige, deren Nerven aus Stahl schließlich bis zum Zerreißen aufgerieben waren, aber schließlich ging uns ein Licht auf. Wir schafften den Posten des Einschreibungs-Zuständigen ab und schufen einen Zuständigen für die Zulassung und einen für das Zahlungs- und Mahnwesen. Der Zulassungs-Zuständige kann nun der permanent nette Typ sein. Und der Buchhalter und Mahner? Nun, er kann wählen zwischen Aspirin und Frühpensionierung …

Und dann gab es noch die Legende vom Saubermach-Zuständigen. Sie ist ein eigenes Kapitel wert.

Saubermachen

Im Laufe der Jahre hat kein Alltagsproblem die Schule mehr in Anspruch genommen als das Saubermachen.

Von Anfang an hielten wir es für richtig, für unsere Sauberkeit selber verantwortlich zu sein. Es war eine Frage des Stils. Die Schule war unser „Schlupfwinkel". Wenn wir Unordnung verursachten, sollten wir auch wieder Ordnung machen. Während der ersten Monate waren die einzigen verfügbaren Personen die Mitarbeiter, die die Schule aufgebaut haben. Das bedeutete, daß die Mitarbeiter, neben anderen Pflichten, regelmäßig den Besen schwangen.

Als wir die Schule gerade eröffnet hatten, konnten wir nicht erwarten, daß die Schüler sofort merken, wie die Dinge hier laufen. Es dauert seine Zeit, bis sich jeder eingelebt und eine Vorstellung davon bekommen hatte, worum es bei Sudbury Valley überhaupt geht. Das bedeutete, daß die Mitarbeiter weiterhin regelmäßig saubermachten.

Ich meine „regelmäßig". Jeden Abend, wenn wir die Schule schlossen, griffen wir zu Besen und Müllschippen, Wischmops und Eimern, reinigten die Schule von einem Ende bis zum anderen und hoben allen Abfall auf dem Grundstück auf. Diese scheinbar harmlose Tätigkeit, auf die wir ziemlich stolz waren, führte zur ersten großen Kontroverse über das Thema.

Viele Eltern aus den „Blitzableiter"-Tagen waren Akademiker an den vielen vornehmen Colleges und Universitäten in der Umgebung. Sie waren stolz auf ihren Beruf. Lehrer zu sein war in ihren Augen eine edler Beruf.

Zu edel, um einen Wischmop zu schwingen.

„Ihr entwertet euch selbst vor den Schülern. Indem ihr saubermacht, verringert ihr den Wert intellektueller Arbeit in den Augen der Kinder", sagte einer.

„Ihr seid schlechte Beispiele für die Kinder", ein anderer.

„Sie sollten durch euer Beispiel angeregt werden. Wir wollen nicht, daß unsere Kinder als Hausmeister aufwachsen."

„Kein Wunder, daß ihr nicht mehr Zeit damit verbringt, unsere Kinder zu unterrichten", sagten andere, die entschieden unzufrieden mit unserer Philosophie des schülerinitiierten Lernens waren. „Ihr verbringt zu viel von eurer Zeit damit, niedere Dienste wie das Saubermachen zu verrichten."

Welchen Vorschlag haben sie wohl für das Problem des Saubermachens, fragten wir uns. Sicherlich haben sie nicht vor, sich für diese Aufgabe als Elterndienst zur Verfügung zu stellen ... Und sie wußten, daß wir kein Geld für eine bezahlte Hilfskraft hatten.

Es dauerte nicht lange, bis wir herausfanden, was sie sich vorstellten. Viele Eltern waren in der tumultartigen Politik der 60er Jahre aktiv. Zu ihren hehren Anliegen gehörte auch, das Los der unterprivilegierten Minderheiten zu verbessern. Aus ihren Erfahrungen in den Kampagnen kam ihr Lösungsvorschlag für unser Problem.

Eine ihrer Anführerinnen tauchte eines Tages, aufgeregt und fest entschlossen, bei einem School Meeting auf: „Ich habe die Lösung für das Reinigungs-Problem", sagte sie, „eine, von der jeder profitieren wird. Die Mitarbeiter müssen aufhören, niedere Hilfsarbeiter zu sein. Wir haben keine mittellosen Minderheiten-Schüler hier", fuhr sie fort. „Wir können zwei Fliegen mit einer Klappe schlagen. Erlaßt Kindern aus sozialen Brennpunkten das Schulgeld, und dafür übernehmen sie das Saubermachen."

Die Versammlung war in Aufruhr.

Die Mitarbeiter machten weiter sauber, entschlossener als je zuvor.

Die protestierenden Eltern verließen bald angewidert die Schule.

Das war nur die erste unserer Debatten. Nach ein paar Monaten hatten die Mitarbeiter das Gefühl, es wäre an der Zeit, daß sich die ganze Schule ins Zeug legt. Die Epoche, in der die Mitarbeiter mit gutem Beispiel vorangehen, ging zu Ende; nun fingen wir an, die ganze Gemeinschaft einzubeziehen, Schüler und Mitarbeiter gleichermaßen.

Wir versuchten, ein Freiwilligen-System einzurichten, mit einem für die Reinigungs-Zuständigen, der die Arbeiten koordiniert und die notwendigen Vorräte kauft. Wir haben uns um ein großes Gebäude zu kümmern, also gibt es eine Menge Reinigungsarbeiten zu koordinieren.

Der Zuständige schlug sich einige Jahre tapfer. Der eine oder andere Freiwillige meldete sich, mühte sich eine Weile mit seiner Aufgabe ab – und nahm nach und nach Abstand davon. Das Saubermachen verringerte sich von einmal pro Tag auf einmal in der Woche.

Bald sahen sich nur noch eine Handvoll unerschütterlicher Mitarbeiter und Schüler jede Woche die Arbeit tun. „Die schmutzen, laß schmutzen – die putzen, laß putzen", hatte Jack gesagt. Seine Ansicht war die mit Abstand vorherrschende.

Also begann eine neue Debatte im School Meeting. Was tun Demokratien letztendlich, um wesentliche Dienste abzudecken, wenn alles andere versagt? Sie führen einen Zwangsdienst ein. Sudbury Valley stritt und debattierte, bis wir schließlich, aus Verzweiflung, ein Zwangssystem einrichteten. Jeder, unabhängig vom Alter, mußte für eine bestimmte Zeit Reinigungsdienst leisten.

Die dafür Zuständigen hatten nun eine doppelt schwierige Aufgabe: Erstens mußten sie die Arbeit organisieren; und zweitens mußten sie aus den zwangseingezogenen Arbeitskräften zufriedenstellende Ergebnisse herauszuholen. Zwangsdienstleistende sind, letzten Endes, notorische Bluffer. Unsere waren da keine Ausnahme.

Ein paar Jahre vergingen. Einige Zuständige waren ausgebrannt. Die Schule sah dreckig aus.

Zurück ans Reißbrett mit dem Saubermachen. Mittlerweile hatte Harry, einer der leidenschaftlichen Idealisten in den frühen Jahren der Schule, sich zum Ziel gesetzt, die Reinigungs-Zwangsarbeit abzuschaffen. „Wir wollen, daß ehrliche Arbeit geleistet wird", argumentierte er, „dann sollten wir auch ehrliche Löhne dafür bezahlen. Laßt uns ein System von bezahlten Reinigungskräften innerhalb der Schule organisieren. Es wird genug Schüler geben, die Extrageld brauchen."

Vielen schien diese Idee einfach nicht richtig. Warum sollte die Gemeinschaft für eine Aufgabe bezahlen, zu der jeder eigentlich mehr als bereit sein sollte? Aber alles andere war gescheitert.

Harrys Idee wurde vom School Meeting genehmigt; um sie umzusetzen, wurde er zum Zuständigen gewählt und bekam einen kleinen, aber angemessenen Etat zu Verfügung.

Er selber stürzte sich mir Begeisterung auf „Harrys Reinigungsdienst" mit einem „Büro" (ein Schreibtisch in der Ecke von einem der Räume), einem ausgefeilten Buchhaltungssystem (er gab jedem offizielle Gutscheine für geleistete Arbeit, komplett mit Abnahme und Bestätigung), einem kompletten Aufgabenplan und einem Trainingsservice.

Der Trainingsservice war sein Stolz und seine Freude. Er hatte selber mehr als einmal seinen Unterhalt damit verdient, bei professionellen Reinigungskolonnen zu arbeiten und sich dabei viele Tricks der Branche abgeguckt. Jeder neue „Angestellte" mußte sich sorgfältig überwachten Trainingsstunden unterziehen, bevor er für das Fegen oder Wischen eingestellt wurde.

Es war ein großartiges Experiment. Das einzige Problem war, daß es nicht funktionierte.

Zwangsdienstleistende sind nicht die einzigen, deren Arbeit manchmal zu wünschen übrigläßt. Bezahlte Hilfskräfte, die langweilige Routinearbeit ohne besondere Motivation verrichten, geben auch nicht immer 100 Prozent …

Die Schule wurde langsam wieder dreckig. Zurück ans Reißbrett.

Am Ende war jeder mehr als nur ein bißchen beschämt, daß es so weit gekommen war. Schließlich war es doch unser aller Schule, und wir alle hatten das Gefühl, wir sollten uns einfach ins Zeug legen und sie sauberhalten.

Es gab Hochs und Tiefs, jedes begleitet von stundenlangen Debatten und Kopfzerbrechen in den School-Meeting-Sitzungen. Am Ende kamen die Leute mit erneuertem Geist und dem Entschluß, unsere Selbstachtung aufrechtzuerhalten, zurück.

Mittlerweile ist das Freiwilligen-System eine tief verankerte Tradition. Für gelegentliches Großreinemachen haben wir spezielle Wochenend-Putzaktionen, zu denen die Eltern eingeladen sind. Viele von ihnen kommen regelmäßig. Sogar die Akademiker kommen neuerdings. Die Zeiten ändern sich.

Zuständigenposten ändern sich auch. Das School Meeting schaffte den Posten des Reinigungs-Zuständigen ab. Es war kein beliebtes Amt.

Stattdessen wurde die Aufgabe, das freiwillige Saubermachen zu organisieren, dem Komitee für Ästhetik und Schulbenutzung übertragen. Es klingt so viel passender und eleganter!

Das Wunder-Budget

Saubermachen war nicht das einzige, wofür wir kein Geld hatten. Leere Taschen sind in Sudbury Valley von Anfang an Arbeitsgrundlage gewesen.

Als wir uns gerade erst daran machten, unsere Ideen in die Praxis umzusetzen, damals 1966, fragten wir Leute, die sich im Bildungswesen auskannten: „Wieviel, denkst du, brauchen wir, um eine Schule aufzumachen?" „Nicht unter 250 000 Dollar", kam die Antwort. Das war die niedrigste Summe, die man uns nannte. Für uns hätten es genauso gut 250 000 000 Dollar sein können. Die Gründer hatten, wenn jeder seinen Kreditrahmen bis zum äußersten ausschöpfte, zusammen 40 000 Dollar für alles. Wir waren trotzdem entschlossen, es zu wagen.

Nach einjähriger Suche erwarben wir ein vier Hektar großes Gelände des jahrhundertealten Nathaniel-Bowditch-Anwesens, zu dem noch Gebäude gehörten – für 80 000 Dollar, bei nur 20 000 Anzahlung und dem Rest auf Raten. Das erfüllte unsere Haupterfordernisse und gab uns ein neues Zuhause für die Hälfte unseres Geldes. Der Rest wurde für die Reparatur des Hauptgebäudes, die Anpassung an die gesetzlichen Bauvorschriften, die Einrichtung, den Kauf von Vorräten und unsere Werbung für die Schule ausgegeben. Am Eröffnungstag waren wir beinahe pleite.

Du fragst dich vielleicht, wie unser Schulgelände so einen günstigen Preis haben konnte. Wir fragten uns das auch, aber bei all unseren Besichtigungen fanden wir nichts.

Ein paar Monate, nachdem wir das Gelände übernommen hatten, fanden wir heraus warum. Zum Schulgelände gehörten ein Teich und ein Mühldamm aus Erde – und der Damm war kürzlich von der Bauaufsicht beanstandet worden! Auflagengemäß mußten wir als Eigentümer den Damm reparieren. Die Vorbesitzer hatten sich des Anwesens entledigt, um dies zu vermeiden.

Der beste Kostenvoranschlag für die Reparatur belief sich auf 50 000 Dollar. Unser Unternehmen schien dem Untergang geweiht – bis unser guter Freund Mal Stalker, damals einer der meistgeschätzten Bauunternehmer in Framingham, sagte: „Ich werde meine eigenen Leute mitbringen, und wir werden den Job für ein paar Tausend machen." Mal war so gut wie sein Wort. Viertausend genügten. Wir waren unendlich dankbar – und in Schuld(en).

Unnötig zu sagen, daß solch ein Anfang uns einprägte, wie notwendig Sparsamkeit und Haushaltsdisziplin sind. Keine Ausgabe, wie klein auch immer, entkam unserer sorgfältigen Überprüfung. Wir lernten sehr schnell, wie wenige Dinge wir eigentlich brauchen, wie man einen günstigen Kauf macht, wie man gebrauchte Ausrüstung findet und eine Menge Sachen kostenlos bekommt. Vor allem lernten wir, wie wenig man braucht und wie man sich behelfen kann. Not machte auch Sudbury Valley erfinderisch.

Die Situation wurde noch komplizierter durch unsere Grundhaltung. Zunächst einmal waren wir, obwohl (oder vielleicht weil) mehrere von uns erfolgreiche „Gewährsleute" gewesen sind, bevor wir an dem Schul-Projekt zu arbeiten begannen, entschlossen, es aus eigener Kraft zu schaffen, ohne irgendwelche Unterstützung vom Staat oder von einer Stiftung. Wir akzeptierten Spenden, wenn sie frei gegeben wurden, aber unser Ziel war, mit dem Schulgeld allein auszukommen.

Als ob das nicht genug wäre, waren wir entschlossen, der Welt zu zeigen, daß wir erfolgreich sein konnten, ohne eine exklusive, teure Privatschule für wirtschaftlich privilegierte Klassen zu sein. Das bedeutete, das Schulgeld ziemlich niedrig zu halten, aus Prinzip. Im Hinblick auf die Bemessung des Schulgeldes orientierten wir uns an den Pro-Schüler-Kosten öffentlicher Schulen und beschlossen, auf oder unter diesem Niveau zu bleiben. Auf diese Weise wären die Kosten, Kinder nach Sudbury Valley zu schicken, nicht höher, als wenn sie auf eine öffentliche Schule in der Umgebung gingen. Wenn wir erfolgreich wären, argumentierten wir, würden die öffentlichen Schulen sehen, daß das, was wir tun, auch für sie im Bereich des Möglichen liegt.

Also begannen wir ohne ausreichendes Kapital, ohne Subventionen und mit künstlich gemindertem Einkommen. Jedes Jahr arbeitete das School Meeting ab Frühlingsanfang am Jahresbudget. Das Verfahren war einfach und gründlich. Im Finanzjargon wird es „Null-Budgetierung" genannt. Jeder – jeder Zuständige, jedes Komitee und jede Corporation – prüfte alle seine Aktivitäten von Grund auf und entschied, was er im nächsten Jahr tun wollte. Dann errechnete er, wieviel das kosten würde, und legte dem School Meeting seinen Vorschlag vor.

Die Vorschläge wurden dann in mehreren Haushaltssitzungen sorgfältig geprüft. Selten erhöhte die Sitzung die vorgeschlagene Summe. Nach ein paar Jahren Praxis wurde es auch selten, daß sie gekürzt wurde.

Die gesamte Prozedur dauert etwa sechs Wochen und läuft nun schon seit vielen Jahren ohne irgendwelche Schwierigkeiten. Die Ergebnisse sind spektakulär.

Zum Beispiel haben sich während der 15 Jahre von 1969 bis 1984 die Lebenshaltungskosten in den Vereinigten Staaten fast verdreifacht. Die Ausgaben für Schulen sind im Landesdurchschnitt sogar auf das Vierfache gestiegen.

An Sudbury Valley hat sich der Haushalt – und ebenso das Schulgeld – weniger als verdoppelt. Im Laufe der Zeit rutschte unser Schulgeldsatz immer weiter unter die Pro-Schüler-Kosten öffentlicher Schulen. Und er lag durchschnittlich bei einem Drittel des Schulgeldsatzes privater Schulen.

Das School Meeting hat ständig einen strengen Blick auf alle Anfragen nach Ausgaben. Ein Beispiel wirft vielleicht etwas Licht darauf, was das in der Praxis bedeutet.

Die Schule ist ein großes altes Landhaus aus Stein, das mit einer ölbefeuerten Zentralheizung geheizt wird. Die Heizkosten niedrig zu halten war uns immer äußerst wichtig.

Der Zeitraum 1969 bis 1984 ist sehr aufschlußreich. Wegen der OPEC, der verschiedenen Öl-Embargos und diverser Energiekrisen stiegen in dieser Zeit die Preise für Heizöl auf mehr als das Sechsfache. Für uns bedeutete das eine nie endende Suche nach Wegen, die Heizkosten niedrig zu halten.

Wir stellten die Thermostate statt auf 21° C nur noch auf 18° C ein, wie alle anderen es auch tun sollten. Dann auf 17° C, als wir herausfanden, daß es uns allen gemütlich genug dabei war. (Wir sind schließlich zähe Neuengländer, jedenfalls die meisten von uns.)

Wir kürzten die Ferien in der warmen Jahreszeit und schlossen die Schule zwei Wochen in der Weihnachts-und-Sylvester-Zeit sowie eine Woche im Februar.

Wir kauften zeitgesteuerte Thermostate, die die Temperatur jede Nacht und an den Wochenenden senkten.

Wir isolierten. Und isolierten mehr.

Wir kauften einen energiesparenden Ölbrenner, der dem neuesten Stand der Technik entsprach. Und wir ließen die Anlage regelmäßig warten.

Als Ergebnis all dessen haben sich in diesem Fünfzehn-Jahres-Zeitraum unsere Ölkosten nur ein bißchen mehr als verdoppelt.

Und genau so ging es uns mit allen anderen Ausgaben.

Es ist nicht so, daß wir nie Geld ausgeben. Wir geben aus, was erforderlich ist, und wir zögern nie, Geld auszugeben, um Geld zu sparen.

Als wir eröffneten, bekamen wir zu hören: „Ihr werdet vielleicht erfolgreich darin sein, eine demokratische Schule zu betreiben, was die Disziplin und das Programm angeht; aber die finanzielle Seite wird nie funktionieren. Gib jedem eine Stimme bei Geldangelegenheiten – und die Schule wird in Null Komma nichts pleite sein."

Wie falsch sie doch lagen. Jeder, ob alt, ob jung, hat die gleiche Entschlossenheit, die Schule jedes Jahr und auch in den kommenden Jahren erfolgreich und finanziell stabil zu sehen.

Mir fällt kein anderes Thema ein, bei dem unter allen an der Schule mehr Einigkeit bestünde. Jede Kultur hat ihre Legenden wundersamer Wohltätigkeit. Religionen, Überlieferungen, Kindermärchen, alle erzählen davon, wie Bedürfnisse durch eine Flut von Gaben erfüllt wurden, die magisch aus Lampen, Höhlen, Steinen und anderen verblüffenden Quellen erschienen. An Sudbury Valley haben wir so etwas auch. Jedes Jahr sind wir Zeuge, wie ein Wunder-Budget auftaucht, das alle unsere Bedürfnisse befriedigt, welche Ressourcen auch immer gerade zufällig verfügbar sind.

Aber das größte Wunder von allen sind stets unsere Mitarbeiter.

Die Mitarbeiter

Während des ersten Jahres der Schule arbeiteten Zwölf Personen Vollzeit ohne Bezahlung. Zwölf – nicht ein oder zwei. Die meisten von uns kannten sich zuvor nicht. Wir gehörten nicht einer gemeinsamen politischen Bewegung oder anderen Gemeinschaft an. Was uns zusammenbrachte, war unsere gemeinsame Hingabe an die Bildungsideale der Schule.

Die Erstbegründer hatten die Idee von Sudbury Valley 1967 der Allgemeinheit vorgestellt. Über hundert Erwachsene aus allen Schichten hatte die Ankündigung dazu bewegt, herzukommen, sich die Sache anzusehen und sich zu überlegen, ob sie mitarbeiten wollten.

Ein Dutzend blieb das Jahr über. Es bestand von Anfang an nie der geringste Zweifel, daß für Gehälter überhaupt kein Geld zur Verfügung stände.

Während dieses ersten Jahres wurden die Grundzüge für das Handeln der Mitarbeiter festgelegt, die seit damals gelten.

Zunächst war da die Bezeichnung selbst: „die Mitarbeiter". Wir redeten darüber ausführlich. Schulen haben Lehrer, Verwaltungsangestellte, Instandhaltungspersonal, Sekretärinnen, Hausmeister usw. Es gibt ein Übermaß an Titeln und eine umfangreiche Hackordnung in dieser Welt der Bildung.

Wir waren uns völlig einig in der Ablehnung der Standard-Organisationsform: Unserer Ansicht nach gab es eine, und nur eine, Beschreibung der Tätigkeit: „Gesucht sind Menschen, die sich dem Konzept der Sudbury Valley School verbunden fühlen und die tun werden, was auch immer nötig ist, damit das Konzept funktioniert." Das deckte alles ab. Wir waren das „Personal" der Schule – alle gleichermaßen, in unserer Grundfunktion nicht unterscheidbar.

Es gab keine Stechuhren. Wir kamen früh, blieben, bis die Schule schloß, und erledigten dann, was noch zu tun war. Anfangs hatten wir jeden Abend ein Mitarbeitertreffen, um die Probleme des Tages und unsere Fähigkeit, auf sie einzugehen, zu diskutieren. Später trafen wir uns nach Bedarf: ein- oder zweimal pro Woche, dann ein- oder zweimal im Monat.

Wir machten sauber, um für die Schüler, die dann später mitmachen sollten, ein gutes Beispiel zu sein. Wir waren Einkäufer, Tischler, Grundstückspfleger, geschäftsführende Sekretäre, Referenten und Tutoren. Alles und nichts.

Wir lernten, den Schülern nicht etwas zu „geben", es sei denn, wir würden gefragt. Wir lernten, uns zurückzulehnen und nicht in das innere Wachstum der Schüler einzugreifen, was auch immer ihr Alter oder Entwicklungsstand sei. Das war die härteste Lektion, jene, die die meiste Selbstdisziplin erforderte und für neue Mitarbeiter immer noch erfordert. Hanna Greenberg, eine der Gründerinnen, hat es so beschrieben:

Die Kunst, nichts zu tun

„Wo arbeitest Du?"
„In der Sudbury Valley School."
„Was tust Du dort?"
„Nichts."
An Sudbury Valley nichts zu tun erfordert eine Menge Energie und Disziplin und außerdem langjährige Erfahrung. Im Nichtstun werde ich jedes Jahr besser, und es macht mir Spaß zu sehen, wie meine Kollegen und ich uns mit dem inneren Konflikt herumschlagen, der dabei unvermeidlich in jedem von uns erwächst. Der Konflikt besteht zwischen unserer Neigung, für andere da sein zu wollen, unser Wissen teilen zu wollen, hart erworbene Erkenntnisse vermitteln zu wollen, und dem Anspruch, daß die Kinder unter ihrer eigenen Regie und mit ihrer eigenen Geschwindigkeit lernen können müssen. Sie nehmen uns in Anspruch, wenn sie es wollen – nicht, wenn wir es wollen. Wir müssen zur Stelle sein, wenn wir gefragt werden, nicht, wenn wir uns das nur einbilden.
Kindern etwas beizubringen, sie anzuregen, ihnen Ratschläge zu geben, das sind ganz natürliche Aktivitäten, mit denen Erwachsene aus allen Kulturen und Gegenden der Welt beschäftigt

*zu sein scheinen. Ohne diese Aktivitäten müßte jede Generation
alles neu erfinden, vom Rad bis zu den Zehn Geboten, von der
Landwirtschaft bis zur Metallbearbeitung. Die Menschen einer
Generation geben ihr Wissen zu Hause, im gesellschaftlichen
Umfeld, am Arbeitsplatz und angeblich auch in der Schule an die
nächste Generation weiter. Leider schaden die Schulen den Kindern dabei um so mehr, je stärker sie bemüht sind, ihren Schülern
individuelle Anleitung zu geben. Diese Aussage ist erläuterungsbe-
dürftig, da sie dem zu widersprechen scheint, was ich zuvor gesagt
habe, nämlich, daß Erwachsene Kindern ständig dabei helfen zu
lernen, wie man sich in der Welt zurechtfindet und sich nützlich
macht. Durch eine sehr langsame und schmerzvolle Entwicklung
habe ich über mehrere Jahre hinweg gelernt, daß Kinder für ihren
Lebensweg wichtige Entscheidungen für sich selbst auf eine Art
und Weise treffen, die kein Erwachsener für sie vorausgeplant oder
sich vorgestellt haben könnte ...*

*So lehre ich mich selber das Nichtstun, und je mehr ich dazu
fähig bin, um so besser ist meine Arbeit. Zieh daraus aber bitte
nicht den Schluß, das Personal wäre überflüssig. Vielleicht sagst
du dir, daß die Kinder die Schule praktisch selbst leiten. Warum
also soviel Personal, das nur herumsitzt und nichts tut? In Wahrheit brauchen die Schule und die Schüler uns. Wir sind da, um
auf die Schule als Institution und auf die Schüler als Individuen
aufzupassen und für sie zu sorgen.*

*Der Prozeß der Selbstbestimmung, seinen eigenen Weg einzu-
schlagen, tatsächlich sein eigenes Leben zu leben, statt nur seine
Zeit hinter sich zu bringen – das ist natürlich, jedoch für Kinder,
die in unserer Zivilisation aufwachsen, nicht selbstverständlich.
Um diesen Geisteszustand zu erreichen, brauchen sie eine Umgebung, die wie eine Familie – größer jedoch als eine Kleinfamilie
– ist, trotzdem aber unterstützend und sicher. Dadurch, daß das
Personal aufmerksam und fürsorglich, gleichzeitig aber nicht len-
kend oder störend ist, gibt es den Kindern den Mut und die Kraft,
auf ihr eigenes Inneres zu hören. Sie wissen, daß wir genauso
kompetent sind, sie zu leiten wie jeder andere Erwachsene; aber
unsere Ablehnung, es zu tun, ist ein pädagogisches Werkzeug, das
wir aktiv benutzen, um ihnen beizubringen, nur auf sich selbst zu*

hören und nicht auf andere, die – bestenfalls – nur die Hälfte der Fakten über sie wissen.

Daß wir den Schülern nicht sagen, was sie tun sollen, wird von ihnen nicht als Mangel oder Leere empfunden. Vielmehr ist es der Impuls für sie, ihren eigenen Weg einzuschlagen – nicht unter unserer Anleitung, sondern unter unserer mitfühlenden und unterstützenden Anteilnahme. Das kann nur in einer lebendigen und komplexen Gemeinschaft gedeihen, nicht im luftleeren Raum; und diese Gemeinschaft muß vom Personal stabilisiert und erhalten werden.

Am Ende des ersten Jahres, nachdem wir die aufreibenden Schlachten des Sommers und Herbstes überstanden hatten, waren wir erfahrene Veteranen.

Wir trafen uns, um Jahr zwei zu diskutieren, erfreut, daß wir und die Schule noch da waren, um darüber zu reden. Es war nicht mehr Geld als im Jahr zuvor verfügbar.

„Wir können einfach ein weiteres Jahr ohne Bezahlung arbeiten", sagte jemand.

„Nein", betonte ein anderer, „das erste Jahr war es eine wunderbare Geste. Das zweite Jahr wäre es wie schales Ginger Ale."

Wir wußten, daß er recht hatte. Es bringt nichts, Gratisarbeit zum Dauerzustand zu machen. Wir alle glaubten an die Würde von Arbeit und an das Prinzip, daß man für gute Arbeit guten Lohn erhalten sollte.

Das Dilemma schien unlösbar. Es war richtig, daß wir anständige Gehälter bekommen sollten, aber es war überhaupt kein Geld dafür vorhanden.

Die Lösung kam mit einem Geistesblitz.

Wir wurden mit einem anständigen Gehalt vertraglich angestellt, aber statt es uns auszuzahlen, schuldete die Schule es uns. Nicht als „normale Schulden" – das hätte die Kreditfähigkeit der Schule rasch untergraben –, sondern als „bedingte Schulden", solche, die erst zu bezahlen sind, wenn die Schule einen Haushaltsüberschuß erzielt.

Dies war unser „Gehaltsfinanzierungs-Plan". Ihn in eine geeignete juristische Formulierung zu packen erforderte eine Anstrengung, die das Herz jedes altertümlichen Philosophen erwärmt hätte. Aber die Umsetzung ist einfach: Die tatsächliche Auszahlung an die Mitarbeiter ist, was nach Abzug aller anderen notwendigen Ausgaben übrigbleibt. Die Differenz zwischen dem ausbezahlten und dem vereinbarten Gehalt sind Schulden gegenüber den Mitarbeitern, die in der unbestimmten Zukunft zu bezahlen sind.

Im zweiten Jahr betrug der ausbezahlte Gehalt mehrere Hundert Dollar für das gesamte Jahr. Im 15. Jahr ermöglichte das sparsame Haushalten eine Auszahlung von 12 000 Dollar für Vollzeitangestellte. Die Höhe ist seitdem ständig gestiegen.

Als das Akkreditierungskomitee der New England Association of Schools and Colleges 1975 Sudbury das erste Mal besuchte, gab es sich größte Mühe, zu verstehen, was wir taten. Die Mitglieder des Komitees waren alle Pädagogen anderer angesehener Privatschulen. Trotz Erfahrung waren sie nicht darauf gefaßt, was sie zu sehen bekamen.

Von Anfang an war uns die offizielle Anerkennung wichtig gewesen. Wir wollten nicht nur nach unseren eigenen Maßstäben erfolgreich sein, sondern die Akzeptanz der Bildungswelt als ein „legitimes" Unternehmen gewinnen.

Wir hatten allein schon hart darum zu kämpfen, daß die Association überhaupt einen Blick auf uns wirft. Zunächst ignorierten sie unsere förmlichen Anfragen und wünschten, wir würden einfach aussterben wie die anderen Alternativschulen. Aber wir ließen nicht locker, und letzen Endes mußten sie nachgeben.

Eines Morgens ging ich mit dem Vorsitzenden des Besuchskomitees der Association auf unser Hauptgebäude zu. Er blickte mit dem Auge eines erfahrenen Schulverwalters auf unser schönes altes Haus und fragte: „Wie haltet ihr dieses alte Gebäude instand? Allein dieses Schieferdach in gutem Zustand zu halten muß ein Vermögen kosten."

„Wir sind entschlossen", antwortete ich, „alles zu tun, was nötig ist, um die Schule am Laufen zu halten."

„Aber wo kommt das Geld her?"

„Aus den Gehältern der Mitarbeiter", antwortete ich. „Die Bedürfnisse der Schule stehen an erster Stelle. Die Mitarbeiter bekommen, was übrigbleibt. In dieser Angelegenheit sind wir alle einer Meinung."

„Das ist genau der Unterschied zwischen uns", sagte er, mit einem Hauch von Nachdenklichkeit. „In unserer Schule kommen die Bedürfnisse der Mitarbeiter als erstes, egal was ist. Das Dach könnte einbrechen, das Gebäude zusammenfallen – das wäre mein Problem. Die Art von Verbundenheit mit einer Institution, die die Sudbury-Valley-Mitarbeiter haben, ist absolut einzigartig."

Das Komitee empfahl einstimmig unsere volle Anerkennung.

Bei all der Arbeit, bei all den Ausgaben, bei all der Ungewißheit ist das Personal über die Jahre bemerkenswert stabil geblieben und hat sich gleichzeitig durch neues Blut aufgefrischt.

„Ungewißheit?" mag man fragen, „welche Ungewißheit?"

Es gibt keine Beschäftigungsgarantie an Sudbury Valley. Das School Meeting stellt Mitarbeiter ein, als Teil seiner Pflichten zur Leitung der Schule. Jedes Jahr im Frühling wählen die Schulmitglieder die Mitarbeiter des nächsten Jahres. Jeder, der dieses Amt ausüben möchte, muß sich nominieren. Das School Meeting diskutiert ausführlich, welchen Bedarf an Mitarbeitern die Schule hat, und bespricht dann der Reihe nach jeden Kandidaten. Am Wahltag hat jeder in der Schule die Möglichkeit der geheimen Abstimmung.

Dadurch bleiben wir auf dem Teppich.

Gelegentlich wird jemand abgewählt. Oft werden neue Bewerber hereingewählt. Alt und Neu unter den Mitarbeitern bilden eine gute Mischung.

Nach fast zwei Jahrzehnten sind von den ursprünglichen zwölf Mitarbeitern, sechs noch immer im Dienst. Einer ist in Ruhestand gegangen, zwei wurden hinausgewählt und drei andere sind weggezogen.

Wir sind gesegnet mit einer Gruppe aus verschiedenen Talenten und Hintergründen. Die Mitarbeiter decken eine

Spannbreite ab, die einer Schule von der fünffachen Größe Ehre machen würde. Es gibt Doktoren der Philosophie und High-School-Graduierte, Künstler und Intellektuelle, Fachleute und Handwerker. Es gibt Alte und Junge, Männer und Frauen. Es sind sogar mehrere der von uns Graduierten zurückgekommen, um der Schule als Mitarbeiter zu dienen.

Wir sind keine Gruppe politischer, religiöser oder gesellschaftlicher Gefährten, heute genauso wenig wie 1968. Unsere gemeinsame Bindung bleibt, was sie immer gewesen ist: eine Verbundenheit, Sudbury Valley gedeihen zu sehen.

Kleine Kinder

Das Bürotelefon klingelt. Die achtjährige Debbie nimmt ab: „Sudbury Valley School; kann ich Ihnen helfen?" Kurz Stille am anderen Ende. Dann fragt der verunsicherte Anrufer nach Informationen über die Schule. „Einen Augenblick bitte", sagt Debbie „Ich hole jemanden, der Ihnen hilft." Im Handumdrehen findet sie einen Mitarbeiter und setzt ihn ans Telefon. Der Anruf wird erledigt. Aber noch bevor mit dem Mitarbeiter ein Wort gewechselt wurde, hat der Anrufer schon eines der wichtigsten Dinge über uns gelernt: An Sudbury Valley sind alle Menschen gleichberechtigt, auch die jüngsten.

Vier Sechsjährige backen in der Küche mit Margaret Kekse. Langsam waren die Kekse fertig und die Küche ein Chaos.

„Jetzt machen wir den Platz sauber", sagt Margaret mit entschiedener Stimme. Hier kann sie ihre Erfahrung aus der Zeit bei der Marine anwenden. Jeder packt mit an. Alice schiebt einen Stuhl zum Waschbecken, stellt sich darauf und wäscht das Geschirr ab, das Molly ihr gebracht hat. Jacob und Eric wischen den Tisch ab und fegen den Fußboden.

„Die Ecke da noch!" dröhnt Margaret. Sie packt die übriggebliebenen Zutaten weg. Eric eilt zu der dreckigen Ecke, Jacob folgt mit einer Kehrschaufel.

Zwanzig Minuten später sind Kekse wie Küche fertig. Jeder hat seinen Teil dazu beigetragen. An die „Schwachheit kleiner Kinder" werden keine Zugeständnisse gemacht.

Achtjährige benutzen Seite an Seite mit Erwachsenen die elektrischen Schreibmaschinen – wenn sie (und das gilt für Erwachsene ebenso) gelernt haben, wie man sie bedient und zertifiziert sind. Zehnjährige benutzen Holzbearbeitungs-Werkzeuge. Neunjährige töpfern. Schüler jeden Alters gehen zu Nobscot-Pizza, zum State Park oder zum Golfplatzladen.

Unter dem allgegenwärtigen Einfluß des vorherrschenden Pädagogik-Geschwafels rangen wir jahrelang mit der Frage:

„Brauchen kleine Kinder nicht eine Sonderbehandlung?" Sie waren School-Meeting-Vollmitglieder, sie hatten das Stimmrecht, für sie galten die gleichen Regeln wie für jeden anderen. Aber waren sie nicht auch irgendwie ein bißchen besonders? Brauchten sie nicht *etwas* zusätzliche Fürsorge? Das School Meeting verbrachte Stunden mit dieser Frage, ließ sie mehrere Jahre liegen, nahm sie wieder in Angriff, ließ sie liegen und ging sie erneut an. Aber was immer wir auch versuchten, wir fanden nie einen Weg, mit der einen Altersgruppe anders als mit der anderen umzugehen. Unsere Prinzipien billigten es nicht, und die Realitäten des Lebens an der Schule unterstützten es nicht.

Dennoch ist es eine Tatsache, daß wir jeden Tag der Tatsache des Unterschieds zwischen den jüngsten und den ältesten Schülern gegenüberstehen. Alles in allem sind die jüngsten weit unabhängiger, einfallsreicher, fantasievoller, sie arbeiten härter und sind geschäftiger. Besonders, wenn man sie mit älteren Schülern vergleicht, die nicht von klein auf Schüler bei uns waren.

Die Kleinen haben nie Zeit. Sie sind so beschäftigt, daß sie nie Zeit haben zum Plaudern, zum Essen und zum Stillsitzen. Sie gehen nie; sie laufen. Sie ermüden nie – bis sie nach Hause kommen.

Sie sehen den Erwachsenen direkt in die Augen, sprechen offen; nie schrecken sie zusammen oder zittern. Sie sind liebenswürdig, selbstsicher und können sich gut ausdrücken. Ältere Leute, die zum ersten Mal hierher kommen, haben immer Schwierigkeiten zu glauben, was sie sehen.

„Ihr müßt mit diesen Schülern die Creme abgeschöpft haben", sagen sie. „Sie sind alle so großartig, so lebendig." Wir erklären, daß wir den Grundsatz des freien Zugangs haben. Jeder kann kommen. Und es kommen alle möglichen. Im allgemeinen glauben sie, wir flunkern. Kinder, die sich so verhalten, sind „nicht einfach irgendwer".

Das Schönste an den kleinen Kindern ist, was sie bei allen anderen bewirken.

Ponce de Leon verbrachte sein ganzes Leben damit, die Quelle der Jugend zu suchen. Er hätte sich nicht zu plagen brauchen. Alles, was er dazu hätte tun müssen: etwas Zeit mit Kindern verbringen.

Kleine Kinder können den verschrobensten Erwachsenen verjüngen und dem verrücktesten Teenager ein Lächeln entlocken. An der Schule bringen sie die Teenager dazu, ihre Energie und Lebendigkeit wahrzunehmen. Nicht indem sie sie stören, sondern einfach, indem sie da sind. Nach einer Weile sieht man neue Teenager, die kleinen Kindern etwas vorlesen, mit ihnen arbeiten, mit ihnen spielen. Die, die schon länger hier sind, betrachten diese Interaktion als selbstverständlich.

Eines der populärsten aller Kinderbücher überhaupt ist „Winnie Pooh". In seiner Autobiographie erzählt der Autor, A. A. Milne, daß er nie vorher oder danach Kinderbücher geschrieben, sondern es zum Spaß gemacht habe, um zu sehen, ob er zusätzlich etwas Geld verdienen könne. Da er keine Erfahrung darin hatte, für Kinder auf eine besondere Art zu schreiben, schrieb er einfach, als ob seine Leser Erwachsene wären, die sich amüsieren wollen.

Das Buch war sofort ein großer Erfolg und ist ein Longseller geblieben. Ich lese es immer noch alle paar Jahre wieder, wie ich es, seit ich acht war, tue. Es ruft das Kind in mir wach, wie es den Erwachsenen im Kind wachruft.

Sudbury Valley ist, schätze ich, die Winnie Pooh der Schulen, wo wir kleine Kinder wie Erwachsene behandeln. Die Umgebung der Schule ermöglicht es uns Erwachsenen, die wir die besten Jahre hinter uns haben, jeden Tag das Kind in uns aufzuladen.

„Artige Kinder" und „Unruhestifter"

Mit den älteren Schülern verhält es sich anders. Sie kommen auf vielerlei Art zu uns, und sie stellen eine faszinierende Vielfalt von Herausforderungen dar. Einige von ihnen sind ihr ganzes Leben an Sudbury Valley gewesen. Andere, vielleicht die Mehrheit, wechseln von anderen Schulen zu uns. Sie gehören gewöhnlich zu einer von zwei Kategorien: jene, die woanders erfolgreich („Einser"-Schüler), aber nicht glücklich waren, und jene, die sich mit ihren alten Schulen im Krieg befanden („Unruhestifter"). Gelegentlich ist jemand beides.

Welchen der beiden Typen würdest du bevorzugen? Die Erfahrung hat uns einige seltsame Lektionen gelehrt.

Sam kam nach Sudbury Valley, als er 16 Jahre alt und mit der Welt nicht in Einklang war. Ein ganzes Jahr hockte er herum in einer Dunstglocke aus Zigarettenqualm und Inaktivität. Leute, die ihn kannten, fragten sich, was für eine Schule ihn wohl aufnehmen würde.

Nach einer Weile kam er innerlich zur Ruhe und fing an, die Probleme in seinem Leben zu lösen. Am Ende seines zweiten Jahres hatte er einen Abschluß bekommen und war ans College gegangen. Eine Reihe Wagnisse, einschließlich einer Phase als Importeur seltener Edelsteine, brachten ihn schließlich durchs College und durch die Schule für chiropraktische Medizin. Er ist nun ein sehr erfolgreicher Chiropraktiker mit einer gut gehenden Privatpraxis.

Für jede Schule vor Sudbury Valley bedeutete Sams Erscheinen nichts Gutes. Bei uns war er, selbst in seinem ersten Jahr, immer freundlich. Als der Glanz in seine Augen zurückkehrte, fand er alle möglichen Wege, das Leben an der Schule zu verbessern und anderen Schülern zu helfen, sich einzuleben.

Im Alter von 14 Jahren war Robert im klassischen Sinn fix und fertig. Alkoholiker, immer in Konflikt mit den Autoritäten – jeder, der ihn kannte, sagte ihm ein Leben in Elend und einen frühen Tod voraus.

Er verbrachte vier Jahre bei uns und änderte sein Leben von Grund auf. Im Laufe der Zeit lernte er, vor anderen zu sprechen und sich auszudrücken, manchmal in überraschender Länge. Er begann zu lesen, zu spielen, optimistischer in seine Zukunft zu sehen. Langsam lernte er, seinen Körper immer weniger zu schädigen und schließlich seine Gesundheit zu fördern.

Als er die Schule verließ, hatte Robert es auf eine Tätigkeit in einem Heil- und Pflegeberuf abgesehen, besonders die des medizinisch-technischen Assistenten. Nach intensiver Ausbildung wurde er Leiter einer Rettungssanitäts-Einheit. Später ging er auf ein College für Pflegeberufe und wurde staatlich geprüfter Krankenpfleger.*

An der Schule war Robert immer angenehm, immer offen. Am Anfang fast katatonisch zurückgezogen, wurde er im Lauf der Jahre gesellig und freundschaftlich. Uns hat er nie Probleme gemacht.

Jahrein, jahraus kommen sie: Das Strandgut des Lebens und die Ausgestoßenen der Gesellschaft, junge Menschen, mit denen es fast schon jeder aufgegeben hat. Autodiebe, Unruhestifter, Drogenabhängige, Alkoholiker, Schul-Phobiker, Asoziale jeder Art. Entweder waren sie von allen ihren früheren Schulen geworfen worden, oder sie weigerten sich entschieden, überhaupt eine Schule zu besuchen. Sie bekommen ihre Freiheit zurück und die absolute Verantwortung, den eigenen Lebensweg zu kontrollieren. Es gibt niemanden, der sie unten hält.

Und das prägt sich ihnen bald ein. Die Freiheit, die offene Atmosphäre, die allgemeine Freundlichkeit, die Altersmischung – alles zusammen erleichtert ihnen den Weg zurück in die Realität. Als die Schule gerade erst eröffnet war, benötigte

---

* In den USA hat der Rettungssanitäter etwas andere Aufgaben als in Deutschland. Das erklärt, warum er eine zweite Ausbildung absolvieren mußte, obwohl der Beruf des Rettungssanitäters sehr verantwortungsvoll und vielseitig ist.

solch eine Entwicklung lange Zeit, oft ein oder zwei Jahre. Als die Jahre vergingen, hat eine Generation 18- und 19jähriger Schüler nach der anderen die Prinzipien weitergegeben und den neuen Schülern geholfen, sich einzuleben. Die Selbst-Entdeckung setzt nun früher ein und verläuft schneller.

Das extremste Beispiel, das wir jemals hatten, ist vielleicht Stella. Sie war mit 14 Jahren in ihrer Schule ein solch problematischer Fall daß der Schulausschuß ihrer Heimatstadt beschloß, ihr Schulgeld für Sudbury Valley zu bezahlen – obwohl das gegen die Gesetze dieses Staates verstieß. Sie konnten sie nicht schnell genug loswerden. Jedes Jahr kam eine Delegation aus der Stadt, um zu sehen, ob wir noch existierten und ob sie noch bei uns war.

Es dauerte einige Zeit, aber bald fand sie zu sich. Als sie bereit war, die Schule zu verlassen, war sie auf dem Weg, Ehrenstudentin am College zu werden, erhielt den akademischen Grad des M. A. der Psychologie und wurde eine erfolgreiche Roman-Autorin.

Für uns sind die Stellas, Roberts und Sams Teil eines Musters. Ich erinnere mich an die allerersten Tage an der Schule, als sich während eines School Meetings ein Haufen „Einser"-Schüler bitter über die anderen zu beschweren begann, diese als schlechte Mitglieder der Gemeinschaft bezeichnete, die nicht an der Schule sein sollten. „Wir kommen zu den School Meetings, helfen in jeder nur erdenklichen Weise; wir sind die Art Schüler, die ihr wollt. Die anderen benehmen sich schlecht, indem sie den ganzen Tag herumlungern und allen Gemeinschaftspflichten fernbleiben." Ich erinnere mich, daß ich tief durchatmete und ihnen mit einiger Erregung sagte: „Diese ‚bösen Jungs' wissen mehr über die Schule als ihr. Sie schlagen sich mit ihrem Leben herum, und im Augenblick ist das für sie Arbeit genug. Ihr Kerle seid so beschäftigt damit, allen anderen zu gefallen, daß ihr noch gar nicht angefangen habt, euch selber kennenzulernen."

Die Tatsache ist, daß die „Unruhestifter" an Sudbury Valley wunderbar zurechtgekommen sind, fast ausnahmslos, und wenn ihre Eltern sie unterstützt haben, *immer*. Der Grund ist relativ einfach: Allein die Tatsache, ein Unruhestifter zu sein, ist ein Zeichen dafür, daß jemand den Kampf nicht aufgegeben hat. Wie sehr man auch versuchte, diese Schüler zu brechen, sie umzuformen, sie in die gewöhnliche Form zu pressen – sie haben weitergekämpft und nicht nachgegeben. Sie haben Mut und Energie bewiesen. Es stimmt, ihre Energie ist oft auf selbstzerstörerische Aktivitäten gerichtet; aber wenn sie nicht mehr eingesetzt werden muß, um eine unterdrückende Welt zu bekämpfen, kann eben diese Energie den Aufbau der eigenen inneren Welt dieser Schüler sehr beschleunigen und sogar helfen, eine bessere Gesellschaft aufzubauen. Diese Schüler haben einer nach dem anderen viel dazu beigetragen, die Lebensqualität an der Schule zu erhöhen.

Die „Einser"-Schüler haben leider eine schwerere Zeit. Sie sind so daran gewöhnt, ihren Lehrern zu gefallen, daß sie anfangs bei uns völlig ratlos sind. „Wen gibt es hier, dem man gefallen kann?" fragen sie sich. Oft versuchen sie es mit den Mitarbeitern, von denen sie glauben, sie seien ihren früheren Lehrern ähnlich. Aber da läuft nichts! Die Mitarbeiter hier verteilen keine Goldsterne. Wo soll man da anknüpfen?

Diese Anpassung ist schmerzvoll. Sie wird nicht einfacher durch die Feststellung, daß jeder andere an der Schule klug, aufgeweckt und schlagfertig ist. Der Kampf, an die „Spitze der Klasse" zu gelangen, hat an Sudbury Valley keinerlei Bedeutung, kein Grundlage.

Diese Schüler – nicht die „Unruhestifter" – sind die wirklichen Opfer der Gesellschaft. Nachdem sie es jahrelang den Autoritäten recht gemacht haben, haben sie den Kontakt mit sich selbst verloren. Aus ihren Augen ist der Glanz verschwunden, aus ihrem Herzen das Lachen. Wenn sie nicht zerstören, wissen sie auch nicht, wie man aufbaut. Für sie ist Freiheit beängstigend. Es gibt niemanden, der ihnen sagt, was sie tun sollen.

Die „Heilung" ist schwierig, und sie braucht Zeit. Sie gelingt nicht immer. Oft ist die beste Medizin eine hohe Dosis

Langeweile. Ohne Programmdirektor, der ihre Aktivitäten organisiert, verfallen diese Schüler oft in einen Zustand tiefer Inaktivität. Wir sagen ihnen ausnahmslos, daß, wenn die Langweile unerträglich wird, sie sich aus schierer Verzweiflung aufraffen werden, um eigene Interessen und Beschäftigungsmöglichkeiten zu schaffen. Es geschieht, früher oder später; aber welchen Preis müssen diese armen „artigen Kinder" für ihre frühere Unterwerfung bezahlen!

Die Teenager, die seit Beginn ihrer Schullaufbahn an Sudbury Valley gewesen sind, gehören in keine der beiden Gruppen. Sie sind die glücklichen, und man sieht es ihren Gesichtern sofort an. Vertraut mit sich selber und ihrer Umgebung, sind sie in der Lage, mit den Höhen und Tiefen des Lebens klarzukommen, ohne ihre Ziele aus den Augen zu verlieren.

Gewissermaßen können wir nicht gewinnen. Einerseits blicken die Leute auf unsere aktiven Schüler und sagen: „Ihr schöpft die Creme ab. Kein Wunder, daß diese Art Freiheit bei diesen Kindern funktioniert. Bei durchschnittlichen Kindern wäre es zwecklos." Andererseits sehen die Leute auf unseren offenen Zugang und einige der von uns aufgenommenen Schüler und sagen: „Das ist eine Schule für den ‚Ausschuß'. Für normale Kinder einfach ungeeignet." Die Creme, der Abfall, der Durchschnitt ...

Wir können nicht gewinnen, gewöhnlich gewinnen wir aber doch. Es kommt alles daher, alle gleich zu behandeln, als verantwortliche Menschen, die ihre eigene Last tragen. Ganz ohne Geheimformel, ohne therapeutischen Trick und ohne Zauberei. Jeder hat die notwendigen Ressourcen in sich, um dem Leben ins Gesicht zu sehen. An Sudbury Valley hat er die Freiheit, sie zu entdecken und anzuwenden.

Eltern

Für die meisten Schulen sind Eltern eine Plage. Sie beschweren sich, kritisieren, nehmen Zeit in Anspruch, und am allerschlimmsten: sie mischen sich in die Bildung ihrer Kinder ein. An Sudbury Valley gehören Eltern von Anfang an unbedingt mit dazu. Wir hatten das Gefühl, daß wir eine enge Zusammenarbeit mit den Familien der Schüler brauchen, um erfolgreich zu sein. Zunächst einmal ist Bildung die vorrangige Aufgabe der Eltern. Sie bringen die Kinder auf die Welt, und es ist ihre heilige Pflicht, sie bis zu ihrer Unabhängigkeit aufzuziehen. Schulen existieren, um Eltern bei dieser Aufgabe zu helfen – nicht, um sie davon auszuschließen. So ist es jedenfalls gedacht in diesem Land, wo die individuelle Freiheit geschützt wird.

Andererseits sind Kinder nur dann wirklich ganze Persönlichkeiten, wenn ihr Familienleben und ihr Heranwachsen in Harmonie mit ihrem inneren Selbst sind. Konflikte zwischen den Generationen sind vielleicht weit verbreitet, aber das sind Krebs- und Herzerkrankungen auch – jedoch hält sie niemand für wünschenswert.

Es gibt noch andere Überlegungen. Die Eltern bezahlen Schulgeld. Wir haben ein Sprichwort, das die Revolution von 1776 antrieb: „No taxation without representation" (Keine Besteuerung ohne politische Vertretung). Sie fahren ihre Kinder jeden Tag zur Schule (wir sind eine Tagesschule mit Pendlern, nicht mit Internatsschülern) – wir verlangen von ihnen täglich eine große Anstrengung für die Schule.

Egal, wie man es dreht, Eltern gehören Seite an Seite zu uns, als unsere Verbündeten und Unterstützer. So sehen wir das, und so haben wir die Schule eingerichtet.

Eltern sind stimmberechtigte Mitglieder von „The Sudbury Valley School, Inc." genauso wie die Schüler und Mitarbeiter. Ich sage „Mitglieder", weil die Schule eine gemeinnützige Körperschaft ist und deshalb keine Aktionäre hat; stattdessen wird sie von Mitgliedern der Körperschaft geleitet.

Die Gesamtheit der Mitglieder heißt „Assembly". Sie trifft sich einmal im Jahr und legt alle wesentlichen Richtlinien fest. Dazu gehört die Höhe des Schulgelds und die endgültige Genehmigung des vom School Meeting vorgeschlagenen Budgets. Sind diese Richtlinien einmal festgelegt, wird das Alltagsgeschäft der Schule das ganze Jahr über vom School Meeting geleitet.

Eltern haben an der Schule mehr als die gesetzlichen Rechte. Sie sind herzlich willkommen, uns zu besuchen, um beim Lehren zu helfen und sich an der Arbeit zu beteiligen. Mehrmals im Jahr gibt es an der Schule große Ereignisse – Dinners, Picknicks, Auktionen, Bälle und dergleichen –, an denen Eltern zusammen mit allen anderen teilnehmen.

Die von der Schule gesuchte enge Bindung an die Eltern, beginnt beim Zulassungsgespräch. Bei allen Schülern unter 18 Jahren bestehen wir darauf, daß die Eltern bei dem Gespräch anwesend sind – beide Eltern, falls dies möglich ist. Von Anfang an werden sie ins Bild gebracht als wesentliche Unterstützer bei der Arbeit, ihren Kindern eine Schulbildung zu bieten.

Genau gesagt: das Verständnis der Eltern zu gewinnen ist eines der Hauptziele der Aufnahmegespräche. Unser Gespräch ist nicht in erster Linie ein Prüfungs- oder Auswahlinstrument. Stattdessen verbringen wir die Zeit – oft viele Stunden – damit, unsere Philosophie und Praxis zu erklären, Fragen zu beantworten und das Fundament für eine dauerhafte Beziehung zu legen.

Von den zwölf ursprünglichen Mitarbeitern waren sechs Eltern von Kindern an der Schule. Selten gingen die Kinder der Mitarbeiter auf andere Schulen.

Mehrere Eltern haben sich im Laufe der Jahre so stark für die Schule engagiert, daß schließlich auch sie kandidierten, um zu Mitarbeitern gewählt zu werden.

Die Eltern einzubeziehen hat viel dazu beigetragen, an der Schule ein Gemeinschafsgefühl zu schaffen. Allmählich lernen Fremde aus allen Himmelrichtungen von Ost-Massachusetts einander kennen, finden gemeinsame Interessen und genießen die Anwesenheit der anderen.

An Sudbury Valley ist jeder Tag Familientag. Und das ist auch gut so.

Besucher

Jeder Tag ist auch Besuchertag – oder wenigstens scheint es manchmal so. Als ich mich damals, in den frühen 60ern, aufmachte, mir Schulen anzusehen, war ich geschockt darüber, wie viele Schulen es beinahe unmöglich machten, sie während des Unterrichts zu besuchen. Natürlich entstand der Schock aus meiner Naivität heraus. Ich hatte gedacht, daß Pädagogen glücklich wären, von außen kommendes Interesse an ihrer Arbeit zu fördern. Wie wir feststellen mußten, schlossen selbst alle sogenannten „freien Schulen" praktisch ihre Türen für Außenstehende.

Wir waren entschlossen, Sudbury Valley für die Bevölkerung so offen wie möglich zu halten. Wir wollten, daß die Leute sehen, was wir tun; daß sie mit uns diskutieren, schließlich vielleicht sogar einer Meinung mit uns sind. Wir waren nicht daran interessiert, einmalig zu sein oder zu bleiben. Je mehr Nachahmungen und Variationen unseres Programms existierten, um so glücklicher wären wir.

Für uns waren die Besuche die beste Form der Öffentlichkeitsarbeit, die wir uns vorstellen konnten. „Sehen heißt glauben", sagt ein Sprichwort. Wir wollen Glaubende erzeugen.

Aber Vorsicht: Sudbury Valley zu besuchen, ist keine einfache Erfahrung für die Besucher.

Sie entscheiden sich, uns zu besuchen, weil sie etwas über eine Schule gehört haben, die „anders ist". Und dieses Andere wollen sie sehen.

Das Problem ist, daß Wörter nicht für jeden dasselbe bedeuten. Für uns bedeutet „Schule": Sudbury Valley. Den meisten Leuten vermittelt „Schule" ein völlig anderes Bild: Klassenräume, Schreibtische, Lehrer und Schüler, die im Unterricht sitzen, Speisesäle, Klingelzeichen und so weiter.

Besucher fahren also auf den Parkplatz von Sudbury Valley. Was sie als erstes sehen, sind: Kinder – überall auf dem Platz, die herumspringen, ganz beschäftigt sind mit Spielen.

„Es ist wohl gerade Pause", sagen sie.

Sie gehen zum Gebäude hinunter und fragen nach dem Büro. In neun von zehn Fällen wird ein „Dreikäsehoch" von einem Schüler sie freundlich grüßen und ihnen den Weg zum Büro zeigen. „Verblüffender kleiner Kerl", sagen sie. „Frühreif. Muß eines der außergewöhnlicheren Kinder hier sein." Im Büro ist vielleicht ein Erwachsener oder auch nicht. Ständig strömen Leute herein und hinaus. Drei Zehnjährige hocken um eine Schreibmaschine und verfassen ein kleines Schriftstück. „Wer kümmert sich um den Laden?" denken die Besucher. Schließlich begegnen sie demjenigen, der gerade für Besucher zuständig ist. Es ist ein Erwachsener. Sie sind erleichtert. Endlich haben sie etwas Orientierung.

Es ist tatsächlich ein wenig schwierig, Sudbury Valley während eines kurzen Besuchs wirklich zu verstehen. Die meisten von uns sehen, was sie sehen wollen, unabhängig davon, was da ist. Wenn wir in einer ungewohnten Umgebung sind, übersetzen wir sie in unseren eigenen Bezugsrahmen und irren uns noch gewaltiger. Das ist nahezu unvermeidbar.

Nach einer Einführung der üblichen Art werden die Besucher in die Schule entlassen, um sich selber umzusehen. Gesunder Menschenverstand und grundlegende Höflichkeit sollen dabei ihren Umgang mit anderen leiten.

Die große Mehrheit der Besucher macht uns Vergnügen, ob man ihnen die Verblüffung anmerkt oder nicht. Gelegentlich platzt aber auch ein Grobian herein.

„In welcher Klasse bist du?" fragt so ein Mr. Grob einen Neunjährigen.

„In keiner Klasse."

„Was nehmt ihr gerade durch?"

„Nichts."

„Kannst du lesen?"

„Ja."

„Glaubst du nicht, du solltest Gesellschaftskunde lernen?"

Verärgertes Schweigen setzt ein. Wer ist dieser Kerl?

„Wie willst du aufs College kommen, wenn Du nicht lernst?"

Der Neunjährige hat keine Antwort parat. Mr. Grob beginnt einen Vortrag zu halten. Das Kind bricht das Gespräch ab, nimmt seine vorherige Aktivität wieder auf und wundert sich, wer diesen Typen in die Schule gelassen hat.

Ich habe Dutzende Mal verschiedene Varianten dieses Austauschs gehört. Gewöhnlich gerieten wir außer uns, wenn er stattfand. Aber das ist nun vorbei. Wir haben Wut durch Achselzucken und gelegentliche Empörung ersetzt.

Manche Besucher bringen einen Hauch frischen Wind in die Schule. Sie begreifen rasch, werden locker und erlauben sich selbst, dieses Erlebnis wirklich zu *genießen*.

Hin und wieder kommt jemand zu einem Aufnahmegespräch, mit dem wir folgendes Gespräch haben:

„Wie hast Du das erste Mal von der Schule gehört?" fragen wir.

„Ach, vor Jahren war ich einmal als Besucher hier, mit einem Pädagogik-Kurs, der sich die Schule anguckte."

„Du hast die ganze Zeit über an uns gedacht?"

„Ich hatte eine sehr schöne Zeit bei dem Besuch. Eure Schule ging mir nicht aus dem Kopf. Als meine Kinder ins Schulalter kamen, mußte ich einfach wieder herkommen."

In anderen Fällen kommen Leute wieder, um uns kostenlos ihre Dienste anzubieten oder sich sogar als Kandidaten für Mitarbeit aufstellen zu lassen.

Ernsthafte Mitarbeiter-Kandidaten werden, wenn sie dies nicht selbst vorschlagen, gewöhnlich eingeladen, als Besucher mehr Zeit bei uns zu verbringen. Das erfordert eine längere Besuchszeit, die ein paar Wochen oder sogar noch länger dauert.

Alle Besuche, die länger als einen Tag dauern, werden vom School Meeting bearbeitet, das sie genehmigen muß. Gewöhnlich ist die Genehmigung Routine. Besucher, die eine Weile bleiben möchten, werden in den meisten Angelegenheiten wie Mitglieder der Schulgemeinschaft behandelt. Sie nehmen an allem teil, spielen, lehren und helfen mit. Es dauert nicht lange, bis sie uns und wir sie kennenlernen.

Jeder neue Mitarbeiter macht das mit. Ohne diese intensive Erfahrung kämen die meisten nicht einmal im Traum darauf, sich so zu engagieren, wie es für die Arbeit hier erforderlich ist.

Und dann gibt es gelegentlich Besucher, die längere Zeit da bleiben und unglaublich begriffsstutzig sind. Sie erinnern mich an die britischen Kolonialherren, die in ihren prunkvollen Anzügen und Amtstrachten mitten im tropischen Flachland Afrikas saßen und Teestunde hielten. Blind sind sie, das ist es.

„Ich bin ein guter Lehrer", sagte so jemand. „Ich werde ein Knüller bei den Kindern sein, weil ich das immer bin." Er begann mit einer Reihe Unterhaltungen für die Kinder, ordnungsgemäß von ihm am Schwarzen Brett angekündigt. Er war voller Enthusiasmus und Aufregung künstlicher Art, der Art, die dazu gedacht ist, Kinder anzuregen. Es war Jahre her, daß jemand von unseren Schülern jemanden wie ihn erlebt hatte. Für einige war es eine völlig neue Erfahrung. Eine neue Spezies war auf dem Schulgelände erschienen.

Zum ersten Treffen kam ein Haufen Kinder. „Ich werde euch jetzt ein großartiges neues Spiel zeigen", sagte Mr. Pädagoge gutgelaunt. Es war natürlich ein Spiel, das einen „Bildungs"-Effekt erzeugen sollte; in diesem Fall ein wenig Arithmetik. Ein paar von uns Mitarbeitern sahen mit Schrecken zu, entsetzt, daß er bald einer unserer Kollegen sein würde. „Die Kinder werden sicher darauf hereinfallen", machten wir uns Sorgen. „Sie wissen einfach nicht, wie sie damit umgehen sollen."

Eine Woche später hatte er uns angewidert verlassen. Er war nicht gewürdigt worden. Die Kinder merkten sehr schnell, daß er ihnen etwas vortäuschte. Das erinnerte mich an ein Erlebnis, das ich vor langer Zeit mit unserem ältesten Kind hatte. Es war damals drei Jahre alt. Ich dachte, ich könnte meinen Sohn dafür interessieren, Mohrrüben zu essen. Ich nahm eine und begann, hungrig darauf herumzukauen und mit Zunge und Lippen zu schmatzen. „Hmm", sagte ich, „das schmeckt wirklich toll." „Ich mag keine Mohrrüben", sagte er. Und das war es.

Kinder sind viel gescheiter, als wir glauben.

In mancher Hinsicht viel gescheiter als viele von uns Erwachsenen.

An Sudbury Valley haben sie eine Chance, ein Gefühl für ihr Selbst zu entwickeln. Die meisten unserer Schüler sind nicht zerbrechlich, weder seelisch noch körperlich.

Also sind uns Besucher weiterhin willkommen. Wir machen uns keine Sorgen mehr über ihre Wirkung auf unser Alltagsleben. Die gelegentlichen Grobiane werden gebeten zu gehen. Einige der Netten bleiben für immer.

Freiheit und Gerechtigkeit für alle

Ein faires Verfahren zu bekommen ist in jeder Gesellschaft schwer. In Schulen aber ist es oft unmöglich. Ich werde nie vergessen, wie ich elf Jahre war und eine Algebra-Stunde absaß, gelangweilt und mühsam gegen den Schlaf ankämpfend. Ich streckte meine Arme in die Höhe, um wach zu werden. Unglücklicherweise hatte der Lehrer – ein strenger Zuchtmeister – von mir unbemerkt die Klasse wütend beschimpft und gerade geschrien: „Wer von euch Kerlen ist ein Klugscheißer?" Meine ausgestreckten Arme hatte er als freiwillige Meldung gedeutet. Es folgten drei Tage Nachsitzen.

Die meisten von uns haben ähnliche Erfahrungen gemacht. Zwölf Schuljahre lang hatte ich schreckliche Angst vor der willkürlichen Macht der Lehrer und Verwaltungsbeamten, gegen die man nur selten vorgehen konnte. Alle von uns waren entschlossen, daß Sudbury Valley anders sein würde.

Und so geschah es auch.

Als die Schule gerade eröffnet war, wußte niemand, wie man ein System einrichten sollte, das die Ordnung auf faire Weise aufrechterhält. Die einzige Schule, von der wir wußten, daß sie einen erfolgreichen Ansatz für dieses Problem hat, war A. S. Neills Summerhill. Dort lösen sie Konflikte bei Gemeinschaftstreffen. Also versuchten wir, solche Dinge im School Meeting zu behandeln. Der zweite Punkt der Tagesordnung, nach Ansagen und Mitteilungen, wurde der „Beschwerden-Teil", in dem Probleme gelöst werden sollten.

Wie vorherzusehen, wurde der Beschwerden-Teil länger und länger, je mehr Wochen vergingen. Bald überschattete er alle anderen Aufgaben. Wir sahen uns drei- und vierstündige Treffen abhalten, dann zwei oder mehr pro Woche. Die meiste Zeit widmeten wir dem Anhören einer endlosen Reihe von Beschuldigungen darüber, was dieser Schüler getan hat, was jene Kinder getan haben könnten oder was jemand gesagt hat, daß er tun würde.

Schlimmer als die vergeudete Zeit war unser Gefühl von Frustration. Wir versuchten, fair zu sein. Aber gelang uns das? Der Beschwerden-Teil bestand aus Beschuldigungen und Gegenbeschuldigungen, oft sehr emotional, immer beeindruckend anschaulich. Selten hatten wir das Gefühl, den Dingen auf den Grund zu kommen; es sei denn, wir verbrachten übermäßig viel Zeit damit. Der Höhepunkt war, als die Schule im Herbst des Eröffnungsjahres ihre Feuertaufe erlebte. Ein Beschwerden-Teil, der geschlagene drei Tage dauerte, war nötig, um uns Klarheit zu verschaffen!

Es mußte etwas getan werden. Wir hatten uns nun schon geraume Zeit nach einem Anhaltspunkt umgesehen, wie wir fortfahren sollten. Es gab kein befriedigendes Modell.

Schließlich dämmerte uns, daß unser Problem genau das gleiche war wie in jeder anderen Gemeinschaft. Die Gemeinschaften haben Tausende Jahre damit verbracht und unermeßlich viel Schlauheit darauf verwendet, sich eine Lösung auszudenken. Im Laufe der Jahrhunderte haben verschiedene Kulturen Rechtssysteme entwickelt, um Gerechtigkeit im Umgang mit Beschwerden zu gewährleisten.

Wir sahen uns die Tradition unseres Landes genau an und studierten ihre wesentlichen Merkmale. Schnell hatten wir die Elemente für das Justizsystem der Schule beisammen.

Kurz gesagt, diese Elemente sind einfach: Es muß eine gründliche und unparteiische Untersuchung aller Vorwürfe geben; jeder Vorwurf muß konkret benennen, welche Regel gebrochen worden sein soll; es muß eine faire Verhandlung vor einer Jury aus gleichrangigen Mitgliedern geben, bei der die Rechte des Angeklagten in vollem Umfang gesichert und die Regeln der Beweisführung respektiert werden; und es muß ein faires Urteilssystem geben. Zugleich müssen die persönlichen Rechte, die jeder Erwachsene unseres Staates genießt, für ausnahmslos jeden in der Schule gelten – auch wenn das Oberste Gericht entschieden hat, daß die Verfassung der Vereinigten Staaten diese Rechte Minderjährigen *nicht* zubilligt.

Wir errichteten unser Rechtssystem im frühen Winter des ersten Jahres; es steht vollständig unter der Kontrolle des School Meetings. Im Laufe der Jahre wurden Änderungen und Anpassungen vorgenommen, aber die Grundzüge sind unverändert geblieben.

Das Rechtssystem ist unser Stolz und unsere Freude. Es läuft reibungslos und behandelt deutlich mehr als hundert Beschwerden im Jahr, manchmal zehn oder zwanzig in einer Woche – jahrein, jahraus. Selten ist seine Haltung von einem Mitglied der Schulgemeinschaft angezweifelt worden.

Das Herz des Systems ist die Gruppe, die die Untersuchungen macht. Sie wird das Justizkomitee (kurz: JC) genannt. In ihm dienen Kinder aller Altersgruppen. Sie stellen einen Querschnitt der Schule dar, werden per Los bestimmt und bei jedem Treffen von einem zufällig ausgewählten Mitarbeiter unterstützt. Den Vorsitz hat der Justiz-Zuständige, der viermal im Jahr vom School Meeting gewählt wird.

Das JC trifft sich mehrmals pro Woche. Grundlage seiner Arbeit ist bei jedem Fall der Eingang einer Beschwerde, ein Schriftstück, in dem jemand behauptet, eine Regel sei gebrochen worden.

Das JC untersucht die Beschwerde, wobei es alle ihm offenstehenden Wege nutzt. Es ruft Zeugen auf, geht den sich widersprechenden Angaben nach, bis es sich das bestmögliche Bild der Geschehnisse machen kann.

Da jeder an Sudbury Valley am Justizkomitee beteiligt ist, nimmt jeder teil an der Rechtsfindung. Das hat praktische Konsequenzen, die man jeden Tag sehen kann. Selten lügt jemand das JC absichtlich an, auch wenn seine Schilderung dessen, was geschehen ist, vielleicht sehr von den Aussagen der anderen abweicht. Meist arbeiten alle zusammen.

Sehr interessant ist die Art, wie die Kinder gelernt haben, die Bedürfnisse der Gesellschaft von ihren persönlichen zu trennen. Jeder weiß, daß das Funktionieren der Schule von der Akzeptanz der durch das School Meeting beschlossenen Regeln abhängt. Das ist der geschäftliche Teil des Systems. Das heißt für jeden einzelnen, daß er helfen muß, die Gesetze durchzusetzen, gerecht zu urteilen, und daß er wahrheitsgemäß aussagen muß, *auch wenn ein Freund an dem Fall beteiligt ist.* Sobald das offizielle Verfahren vorüber ist, tritt wieder die persönliche Seite in den Vordergrund. Freundschaften gehen weiter wie vorher, ohne Unterbrechung.

Immer und immer wieder habe ich gesehen, wie enge Freunde in einem Rechtsstreit vor dem JC bitter aufeinanderstießen, dann aus der Sitzung kamen und zusammen spielten oder arbeiteten, als wäre nichts geschehen. Für neue Schüler – vor allem für jene, die von anderen Schulen zu uns wechseln – ist das der am schwersten zu bewältigende Teil von Sudbury Valley. Sie sind eine „Wir-gegen-sie"-Mentalität an der Schule gewohnt, wo jeder, der gegen einen Mitschüler aussagt, eine „Petze" ist. Manchmal brauchen Neulinge eine Weile, um sich anzupassen, aber letztendlich schaffen sie es eigentlich alle. Anders würde es gar nicht gehen.

Das Verfassen einer Beschwerde für das JC wird im Schuljargon als „jemanden hochnehmen" bezeichnet. Keiner von uns erinnert sich daran, wie diese Redewendung entstanden ist, obwohl es eine Menge Theorien darüber gibt. Einige meinen, sie stammt aus der Zeit, als sich das JC immer in der zweiten Etage traf und die Leute nach oben gebracht wurden, um vor ihm zu erscheinen.

Vor kurzem sagte ein Fünfjähriger „Wenn du damit nicht aufhörst, nehme ich dich hoch." – „Dann komme ich gleich wieder runter", kam spontan die Antwort.

Wer nicht lesen und schreiben kann, muß sich einen Schreiber suchen, dem er seine Beschwerden diktieren kann, eine Praxis, die auch in der „großen Welt draußen" alles andere als ausgestorben ist. Gewöhnlich helfen ältere Schüler, aber man kann auch auf die Mitarbeiter zurückgreifen.

Gelegentlich versucht jemand, den Justizapparat für persönliche Zwecke zu mißbrauchen. Das tut er, indem er eine Flut von Beschwerden gegen jemanden einreicht – „Schikanieren" nennen wir das. Das JC braucht nicht lange, so etwas zu durchschauen. Ein Schüler kann nur aus zwei Gründen

„hochgenommen" werden: Entweder er macht eine Menge Ärger, oder er wird schikaniert. Das JC geht gegen Schikanierer entschlossen vor.

Hin und wieder reichen Kinder in einem Augenblick der Wut eine Beschwerde ein, wenn sie sich gestritten haben oder es ein Hochspannungs-Spiel gegeben hat. Wenn die Untersuchung dann beginnt, haben sich alle schon wieder beruhigt. In solchen Angelegenheiten vermittelt das JC einfach, oder es läßt die Sache sogar ganz fallen. Oft kühlen die erhitzten Gemüter sich bereits ab, bevor die Beschwerde fertig ist – denn man muß sie zu Papier bringen. Eine solche nahm ich kürzlich auf, sie ist nicht untypisch:

„Als Du jung warst ..." – eine wahre Geschichte

„Hilfst du uns eine Beschwerde schreiben?"

Ich saß auf der Couch vor dem Büro und wurde aus einem Tagtraum herausgerissen. Mir gegenüber standen Avery (9 Jahre) und Sharon (7) und schauten mich etwas unschlüssig an. „Vielleicht sollten wir Marge suchen."

Ich sah sie einen Moment an. „Für was?" fragte ich. „Skip (13) und Michael (8) haben unsere Aktivität im Ruheraum gestört", kam die Antwort. Während ich mich träge fragte, ob ich für ihre Aktivitäten im Ruheraum im Gegenzug eine Beschwerde gegen sie einreichen sollte, antwortete ich: „Sicher". Und wir gingen in das leere Büro.

Es war 13.30 Uhr. Fast alle Mitarbeiter hatten eine Besprechung im neu eingerichteten Stereoraum, wo sie seit 11 Uhr mit interessierten Schülern zusammen über die künftige Nutzung des Raums entschieden. Die Aufgabe, die ich jetzt hatte, schien vergleichsweise unbedeutend. Trotzdem setzte ich mich an den Schreibtisch, nahm den Stift in die Hand, während ich so offiziell schaute, wie ich nur konnte. Avery stand dicht an meiner rechten Seite, Sharon lehnte zu meiner Linken über die Schreibtischkante; beide beobachteten jede Bewegung, die ich machte, jedes Wort, das ich schrieb. Es sollte eine ernste Sache sein.

162

Das Beschwerdeformular vor mir, wendete ich mich an Avery: „Fang von vorn an. Ganz von vorn."

„Ich hätte sie wohl nicht beschimpfen sollen", sagte Avery etwas besorgt. „Das war wahrscheinlich falsch."

„Fang vorn an. Was ist passiert?"

„Jim (8) und ich spielten allein in der Scheune. Skip und Michael kamen herein und begannen Dennis (12) zu ärgern."

„Dennis war auch da?" fragte ich.

„Er kam herein. Dann kamen sie. Ich beschimpfte sie, um Dennis zu schützen. Ich tat es, um ihm zu helfen."

Ich wunderte mich, warum Dennis Averys Schutz benötigte, und bat ihn, mit dem Bericht fortzufahren.

„Dann verfolgten sie uns. Skip nahm meinen Hut, und wir rannten aus der Scheune. Daniel (7), Jim und ich entkamen."

„Daniel war auch da?" fragte ich und schrieb die Geschichte ein weiteres Mal neu.

„Dennis, Michael und Skip verfolgten uns. Ich haute ab, nahm meinen Hut, dann schnappte Skip mich und schleppte mich zurück zur Scheune, aber wir entkamen –"

„Moment mal", unterbrach ich, weil ich gar nicht verstand, was vor sich gegangen war, „warum jagte Dennis dich auch, wenn du ihn geschützt hast?"

„Keine Ahnung", antwortete Avery mit einem Lächeln. Mittlerweile strömten seine Worte in einem aufgeregten Vortrag aus ihm heraus. Seine Augen glänzten. Er kannte kein Halten mehr.

„Dann versuchten wir, zum Hauptgebäude zu rennen, und sie sperrten Jim im Kabuff für die Sportgeräte ein, und Daniel rannte und erzählte es mir, und ich machte mich auf, um Jim zu befreien. Ich tat so, als ob ich ihnen helfen würde, ihn einzusperren, aber ich tat es nicht wirklich, und er flüchtete, und ich war drin, aber ich kam raus –"

In diesem Augenblick kam ein heiterer und ruhiger Jim in das Büro hereinspaziert und stellte sich neben Sharon. Er sah für mich sicher nicht wie jemand aus, der soeben ein entsetzliches Erlebnis hatte.

Avery machte es wirklich Spaß. Ich drehte mich zu ihm und fragte: „Hattest Du eine schöne Zeit?" Er lachte aus ganzem

Herzen. „Ja", sagte er. „Was ist mit Dir?" fragte ich Jim. „Ja. Ich möchte keine Beschwerde schreiben."

„Aber sie unterbrachen unsere Aktivität", protestierte Avery.

„Welche Aktivität?" fragte ich.

„Die Zaubershow."

Ich hatte von keiner Zaubershow an diesem Tag gehört. Wissend, worauf ich mich einließ, fragte ich unschuldig: „Welche Zaubershow?"

„Die von Sharon und Cindy (7)", antwortete Avery.

Mittlerweile war ein gutgelaunter Daniel dazugekommen. Sharon, die die ganze Zeit still und wachsam gewesen war, spitzte bei der Erwähnung ihres Namens die Ohren. „Wir versuchten, sie aus dem Raum zu schmeißen, aber sie gingen nicht", sagte sie aufgeregt, „dann drängten wir sie raus." „Und ich versuchte, daß sie gehen", stimmte Avery ein. Daniel lächelte. Jim war bedrückt.

„Kann ich das Beschwerdeformular zerreißen?" sagte Jim. Sharon grinste. Daniel lächelte. Ich fragte Avery: „Was würde passieren, wenn die Beschwerde bestehenbliebe?"

„Sie würden aufhören, es zu tun", antwortete er voll Vertrauen in die Wirksamkeit des Justizsystems der Schule.

„Möchtest Du, daß sie aufhören?" fragte ich.

„Nein", antwortete er mit einem herzlichen Lachen.

Jim zerriß das Formular. Allgemeine Zufriedenheit. Dann, schon im Gehen, wandte sich Avery mir zu und fragte mich mit einem breiten Lächeln: „Als Du jung warst, hattest Du da solche Abenteuer?"

Seit Einführung des Justizsystems hat das School Meeting nur einen einzigen Schüler wegen schlechten Verhaltens der Schule verwiesen. Keine Statistik könnte ausdrucksvoller den Erfolg des Systems belegen. Tatsache ist, daß an Sudbury Valley jeder ein gerechtes Verfahren bekommt. Niemand hat Angst vor Autorität, niemand muß Erwachsene fürchten, Lehrer oder irgend jemanden sonst. Die Leute sehen einander direkt in die Augen, als gleichberechtigte Mitglieder der Schulgemeinschaft. Alle bleiben selbstsicher in dem Wissen, daß Freiheit hier von einem Justizsystem geschützt wird, das für Dinge wie Alter, Geschlecht und Status blind ist. Nichts macht mich stolzer darauf, zur Schule zu gehören.

Der Kern der Sache

Nachdem all das gesagt und getan ist, nachdem alle Worte gelesen, alle Bilder betrachtet sind, bleibt immer noch die Frage: Wie ist Sudbury Valley wirklich? Wie fühlt es sich an? Was geschieht da wirklich?

Selbst der zufälligste Beobachter ist auf den ersten Blick von einer Menge Dinge beeindruckt: Überall auf dem Gelände wuseln Kinder herum. Das ist der Eindruck der „immerwährenden Pause", von dem wir so oft hören. Die Kinder sind frei, aktiv, laut und lebendig.

Die Umgebung bestärkt diese Eindrücke. Die Schule befindet sich auf einem alten Anwesen, das am Ende des Bürgerkriegs angelegt wurde. Von dem Gebäude ist vieles immer noch im Originalzustand. Die Wände sind aus Granit, der in einem schon längst stillgelegten Framinghamer Steinbruch an der Salem End Road abgebaut wurde. Granitgebäude sind in dieser Gegend selten, es ist ungewöhnlich solide – ein Effekt, der tief in den Geist der Schule hineinreicht.

Die Rasenflächen, Bäume, Büsche und Wildblumen, der Teich, der Damm und das Mühlhaus, die Scheune und die Ställe – sie alle tragen zur Ausstrahlung ländlicher Schönheit bei. Framingham ist immerhin eine geschäftige Stadt mit viel Schwerindustrie, Handel, großen Einkaufspassagen, Wohnungsbauprojekten, Highways und Schnellstraßen – all dem Zubehör des Stadt- und Vorstadtlebens. Die Realität schwebt über der Schule, umtost sie; die Schule selbst aber hat es sich in einer Ecke der Stadt gemütlich gemacht, die sorgsam erhalten wurde für die Freude an der Schönheit der Natur. An unser Schulgelände grenzt der State Park (Nationalpark des Bundesstaates) wie auch ein ausgedehntes Naturschutzgebiet, das unter dauernder Treuhandschaft steht; auch sie tragen zu der natürlichen Schönheit bei, die unserer Schule innewohnt.

Wir sind aber dennoch nicht in einem englischen Schloß oder einer Villa in Newport. Wir haben kein Milieu großartigen pompösen Reichtums, der sorgsam behütet wird, um die Eleganz einer Oberschicht zu bewahren. Der berühmte Segler aus Massachusetts, Nathaniel Bowditch, dessen Tabellen und Handbücher noch immer Teil der Schiffahrtskunde sind, hatte Sinn für die Erfordernisse des Alltags. Sein Besitz war eine Farm, auf der gearbeitet wurde, keine Residenz für Gentlemen. Das Anwesen ist beträchtlich gealtert, aber wie ein gewöhnlicher Arbeiter, nicht wie ein Aristokrat. Es weist die unvermeidlichen Zeichen von Verschleiß auf: Risse in den Wänden und Decken, verwitterter Schiefer – was sich auch durch noch so gute Instandhaltung nicht aufhalten läßt, ebensowenig wie runzlige Haut im Alter durch Cremes und Salben. Das Gebäude ist in Würde gealtert. Eine Atmosphäre von Gebrauch, von Nutzung durch lebendige Menschen, die wirklich hier gelebt haben und leben, durchdringt es.

Verstärkt wird diese Wirkung noch durch die Ausstattung. Alles ist schlicht und wie in einer Wohnung: Tische, Stühle, Sofas, Sessel, einfach das, was man in einer Wohnung erwartet. Alles ist zudem gebraucht, stark sogar, aus zweiter Hand gekauft oder kostenlos erworben und weist auch wieder Gebrauchsspuren auf.

Bei uns, die wir unsere Zeit an der Schule verbringen, weckt all das zwei grundverschiedene und sich doch ergänzende Gefühle: einmal Unbekümmertheit. Denn unsere Einrichtung erträgt die alltägliche Beanspruchung durch alltäglichen Gebrauch, sie besteht aus alltäglichen Gegenständen; zum anderen: Sorgfalt. Ob wir uns auch in Zukunft an der Einrichtung erfreuen können, hängt davon ab, ob wir sie rücksichtsvoll behandeln, und das wissen wir.

Unbekümmertheit und Sorgfalt sind Kennzeichen von Sudbury Valley. Die Leute hier sind sorglos, nicht mürrisch, angespannt oder ängstlich. Ihre Stirn ist glatt, nicht gerunzelt, ihre Augen sind klar, nicht trübe. Sie weichen Blicken selten aus. Und alle kümmern sich. Sie kümmern sich um andere: ihre Freunde, ihre Mitschüler, Mitarbeiter, Eltern und Besucher. Egal, um wen es geht – im Zweifelsfall ist jeder bereit zu helfen.

Sie kümmern sich um die Schule, darum, sie am Leben und Funktionieren zu erhalten und beizutragen, ihre Bedürfnisse zu befriedigen.

Jeder, der in unsere Schule kommt, spürt dies überall auf dem Gelände. Es fällt jedem sofort auf.

Über allem hängt die Stimmung einer Zeit-Insel. Die Leute sausen emsig herum, aber niemand hetzt. Es gibt wenig Uhren, kein Erinnern an das Verstreichen der Stunden.

Die Leute kommen und gehen, wie sie wollen, früh oder spät. Wenn sie zu Zeiten kommen wollen, zu denen niemand da ist, bekommen sie einen Schulschlüssel, einen Schlüssel zu dem Schatz, der dieser Ort für sie geworden ist. Niemand hält inne und wundert sich über das Vertrauen, das jeder Schlüssel bedeutet.

Vertrauen ist ebenfalls überall, und das kann man auch überall sehen. Die Sachen der Schüler liegen unbewacht herum, Türen sind nicht verschlossen und die Ausstattung ist ungeschützt und allen zugänglich. Was für ein verrückter Ort, unser Sudbury Valley! Freier Zugang – jeder kann sich hier einschreiben. Und indem man über die Schwelle geht, wird man sofort Teil der Wärme und des Vertrauens, die diese Schule ausmachen.

In vielerlei Hinsicht ist die Schule eine Gemeinschaft, trotz der Tatsache, daß sie weder ein Internat noch das Ergebnis einer engverbundenen Gruppe ist. Ihre Mitglieder kommen von überallher, kommen als Fremde und bleiben als Freunde. Langsam, mit dem für sie angemessenen Tempo und ohne Anstöße oder Ermutigung unsererseits, lernen Eltern einander kennen, und es werden Freundschaften geschlossen. Die Kinder suchen auch über die Schule hinaus Kontakt zueinander, knüpfen Bindungen, die bei vielen von ihnen ein Leben lang halten.

Die Schule hat viel Ähnlichkeit mit einem Dorf – dem Dorf der Vergangenheit und der Zukunft. Die Bindungen bilden sich frei, niemand wird eingeengt – und doch sind die Wurzeln tief genug, um uns zu nähren, solange wir leben. Abgänger kommen nach fünf, zehn, 15 Jahren wieder, und immer fühlen sie sich bei uns zu Hause, immer erwartet sie eine warme Begrüßung. Sie erwarten, ein Teil von uns zu bleiben, und wir hoffen das auch. Daran ist nichts Unangenehmes oder Seltsames.

Vergangenheit, Gegenwart und Zukunft verschmelzen zu einer gemeinsamen Überlieferung unter allen Schulmitgliedern. Kinder hören Geschichten lang vergangener Heldentaten; eines Tages stattet der Held der Schule einen Besuch ab und findet in ihr Herz: „Du bist Soundso, über den uns Marge so viele Geschichten erzählt hat?" Sie sitzen beisammen, tauschen alte Erinnerungen gegen Geschichten der Gegenwart aus, gehen dann auseinander und in ihr Alltagsleben.

Dennoch, um Teil der Schule zu werden, muß sich für niemanden etwas Wesentliches ändern. Es wird keine Loyalität gefordert, keine Konformität verlangt, nicht die Aufgabe privater Träume für Erfordernisse der Gemeinschaft. Sudbury Valley ist der lebende Beweis, daß freie Menschen, die sich frei vereinigen – wenn man ihnen die Möglichkeit gibt, ihre persönlichen Ziele zu verwirklichen –, mit der Unterstützung und der Achtung ihrer Kollegen Bindungen, Loyalitäten und Freundschaften eingehen werden, die so stark sind, wie man sie nie zuvor gesehen hat. Das Rezept ist einfach: Man nehme einen Teil Freiheit, einen Teil Würde, einen Teil Verantwortung und ein Teil Unterstützung, mische sie zusammen und lasse das Ganze ruhen, bis es fertig ist. Jeder kann das mit demselben Erfolg nachmachen.

Kannst Du die Schule nun besser fühlen?

Nachwort

Der Praxistest

Für jeden kommt irgendwann die Zeit, Sudbury Valley zu verlassen und alleine in die Welt zu gehen. Wie es ihm später im Leben ergeht, liefert einen Hinweis auf den Erfolg seiner Schulzeit.

Viele Schüler wollen, wenn sie schließlich weggehen, einen High-School-Abschluß in der Hand haben. Nach der Eröffnung unserer Schule brauchten wir mehr als ein Jahr, um herauszufinden, wie wir Abschlüsse erteilen.

Wir konnten einen Abschluß nicht auf den gewöhnlichen Kriterien aufbauen: Zensuren, Kurse, Anrechnungspunkte und Jahre erfolgreicher Kursarbeit. Diese Art „Leistung" war und ist hier nicht gefragt; Schule wie Schüler halten von alldem nichts.

Schon die Idee eines Abschlusses an sich schien unseren Idealen zu widersprechen. Ein Abschluß ist eine offizielle Bescheinigung durch die Schule: Ist das nicht eine Form der Beurteilung, genau die Sache, die wir sonst vermeiden?

Schließlich stießen wir auf eine zufriedenstellende Lösung. Die Idee war einfach: unser Hauptziel ist es, Schüler in die Welt zu entlassen, die fähig sind, die Herausforderungen des Lebens in einer freien Gesellschaft verantwortungsvoll zu bewältigen. Also institutionalisierten wir dieses Ziel und bauten unsere Abschlußprüfung darauf auf.

Schüler, die ein offizielles Abschlußzertifikat wünschen, treten vor die Schulgemeinschaft und verteidigen die These, daß sie bereit sind, ein verantwortlicher Bürger in der Gesellschaft zu sein. Sie müssen eine Präsentation erarbeiten und vortragen, die Mitschüler und Mitarbeiter überzeugt. Wie sie das machen, ist ihre Sache; sie können um jede erdenkliche Hilfe bitten, die sie bei der Formulierung ihrer Ideen haben wollen.

Sobald sie ihre Präsentation vorgetragen haben, stellen sie sich der Kritik und den Fragen der Teilnehmer des Meetings. Diese Diskussionen können sehr lebhaft werden. Wenn die Sitzung vorbei ist und der Schüler immer noch glaubt, daß seine Präsentation stichhaltig ist, bewirbt er sich um einen Abschluß.

Die Schule muß darüber abstimmen, ob sie ihn genehmigt. Ist das eine Art Bewertung? Ja, das ist es tatsächlich. Es ist eine, die der Schüler ausdrücklich verlangt hat, und sie liegt in einem Bereich, mit dem wir uns einzulassen bereit sind.

Die Verfahren für den Abschluß ist hart. Nach den ersten sagten viele Mitarbeiter zueinander: „Ich bin froh, daß ich das nicht durchmachen muß." Einige Schüler haben sich dieser Herausforderung bereits mit 16 Jahren gestellt, aber meist sind es 17- oder 18jährige, die es versuchen. In all den Jahren hat nur ein einziger versucht, dabei zu mogeln. Die Schule hat das nicht hingenommen, und er ging ohne Abschluß ab. Zehn Jahre später dankte er uns, daß wir nicht zuließen, daß er sich selber betrog.

Viele Schüler gehen in die Welt ohne Abschluß. Für uns macht das kaum einen Unterschied. Was zählt, sind die inneren Ressourcen, die sie in ihrer Zeit an der Schule gesammelt haben, um sich für ein erfülltes Leben vorzubereiten.

Mittlerweile hat die Schule natürlich Erfahrungen mit den späteren Lebenswegen ihrer ehemaligen Schüler sammeln können.

Viele haben sich für Colleges und andere höhere Bildungswege entschieden. Nicht ein einziger Schüler, der an ein College wollte, ist je damit gescheitert; die meisten kommen sogar an das College ihrer Wahl. Wie wir von vornherein vermutet hatten, hilft die unorthodoxe Schulzeit unseren Schüler bei der Zulassung zum College eher, als daß sie hinderlich wäre. Dabei spielt es keine Rolle, ob der Schüler einen Abschluß hat oder nicht.

Andere haben direkt nach der Schulzeit einen Beruf ergriffen. Sie arbeiten in allen möglichen Sparten: als Geschäftsführer, Automechaniker, Musiker, Handwerker, Verkäufer, Techniker und Designer, um ein paar zu nennen. Diejenigen, die eine Weiterbildung suchten, haben sich ebenfalls für eine große Vielfalt von Berufen entschied. Nichts überrascht uns.

Es ist ein befriedigendes Gefühl, einen Absolventen, dessen Spezialität Landschaftsbau ist, zu bitten, herzukommen und bei uns zu Hause oder auf dem Schulgelände zu arbeiten. Oder einen Behandlungstermin bei einem Absolventen zu vereinbaren, der Chiropraktiker ist. Und vielleicht kommt bald der Tag, an dem einer von uns sogar die Dienste des Bestatters benötigt.

Was die Absolventen typischerweise aus ihrer Schulzeit auf ihren Lebensweg mitnehmen, ist: nicht arrogant zu sein. Die Schule hat immer darauf geachtet, den Aktivitäten keine Rangordnung zuzumessen. Es gibt hier keine „Leistungsgruppen", niemanden, der sagt, daß das allerbeste die Vorbereitung auf das College sei, Geschäftstraining eine Stufe darunter und Berufsausbildung etwas für Doofe. Alles an der Schule vermittelt unsere Überzeugung, daß jedes Gebiet, für das sich jemand interessiert, lohnend ist, wenn er es nur frei wählt und damit einem wirklichen inneren Verlangen folgt. Wir unterscheiden zwischen oberflächlichen Interessen und tiefgründigen, nicht zwischen „werten" und „unwerten".

Als Folge dessen leben an der Schule alle harmonisch zusammen, unabhängig davon, was sie tun. Und diese Haltung begleitet unsere Schüler durch das Leben, läßt sie sich auch weiterhin mit anderen wohlfühlen, ganz gleich welchen Weg diese gewählt haben.

Über unsere Schüler sind Studien erstellt worden, und mit den Jahren wird es weitere geben. Sie zeigen, daß unsere ehemaligen Schüler im großen und ganzen selbständige, integrierte Menschen sind mit einem Selbstbewußtsein, das ihnen ein Ziel im Leben gibt.

Aber der gemeinsame Faden, der sie alle verbindet, ist die Erkenntnis, daß ihnen ihre Kindheit und Jugend nicht genommen wurden. An Sudbury Valley bewahren sie ihre Kindheit so lange, wie sie wollen, flechten sie zu den wunderbaren Mustern, die nur Kinder erschaffen können. Unser größtes Geschenk an sie war, sie in Ruhe wachsen zu lassen. Indem wir ihnen nicht raubten, was wirklich ihr Eigenes war, taten wir mehr für jeden einzelnen, als ein Heer „hilfreicher" Leute.

Den Erwachsenen, die ihre Jugend bei uns verbracht haben, haben wir dies mitgegeben.

Anmerkung

Um die Privatsphäre der Betroffenen zu schützen, wurden die Namen aller in diesem Buch erwähnten Sudbury-Valley-Schüler geändert.

Kontakt

Eine komplette Veröffentlichungsliste (inklusive weiterführender Literatur über die Sudbury Valley School) ist erhältlich bei:

The Sudbury Valley School Press
2 Winch Street, Framingham
MA 01701, USA
Tel. 001 508 877-3030
Internet: www.sudval.org

Informationen über entsprechende Aktivitäten im deutschsprachigen Raum finden Sie unter

www.sudbury.de

Weitere Literatur im Arbor Verlag

David Gribble
Schule im Aufbruch

Zwei Jahre lang bereiste David Gribble in der ganzen Welt Schulen mit alternativen Ansätzen – Schulen, bei denen der Respekt vor jedem einzelnen Kind im Mittelpunkt steht. Der Unterschied zwischen den beschriebenen Projekten ist erstaunlich, doch alle Erfahrungen zeigen, daß es Kindern wesentlich besser geht, wenn sie die Freiheit haben, Entscheidungen selbst zu treffen. Schule im Aufbruch beweist, daß Disziplin, Curricula und Prüfungen der kindlichen Entwicklung hemmend gegenüberstehen. Was zählt, sind Achtsamkeit, Respekt und Freiheit.

Olivier Keller
Denn mein Leben ist Lernen

In diesem zukunftsweisenden Buch zeigt Olivier Keller auf beeindruckende Weise, und anhand vieler praktischer Beispiele, wie sich Kinder entfalten, denen die Möglichkeit gegeben wird, die Welt ohne Einmischung und Lenkung von außen zu erforschen. Anhand der Geschichte der Kinder von Arno Stern, die nie eine Schule besuchten, und anderen Kindern zeigt er auf, wie Lernen geschehen kann – ohne Druck und Forderungen von außen. Eine eindrückliche Dokumentation, wie der Forschungsdrang, die Kreativität und die Lebendigkeit von Kindern erhalten werden kann.

Fenwick W. English & John C. Hill
Vision einer Schule der Zukunft

Statt Noten, Klassen und Belehrung setzen die Autoren auf Kooperation und Eigeninitiative und stellen dem üblichen Klassenzimmer ein Lernfeld gegenüber, in dem jeder Schüler nach eigenem Interesse und Bedürfnis Erfahrungen sammeln kann. Qualitätssicherung in der Schule erhält durch dieses Buch eine völlig neue Dimension. Die Autoren übertragen konsequent Erkenntnisse der zeitgenössischen Managmentforschung auf die Schule und kommen so zu einem Ansatz, der alles in Frage stellt, was in der heutigen Schulpraxis üblich ist. Ein richtungsweisendes Buch für eine neue Lernkultur.

Detaillierte Informationen und umfangreiche
Leseproben unserer Bücher finden Sie
im Internet unter www.arbor-verlag.de